FOYERS

ET

COULISSES

PARIS. IMPR. DE POUSSIELGUE, MASSON ET Ce,
RUE CROIX-DES-PETITS-CHAMPS, 29.

FOYERS

ET

COULISSES

PANORAMA DES THÉATRES DE PARIS

PAR

JACQUES ARAGO.

Neuvième Tirage.

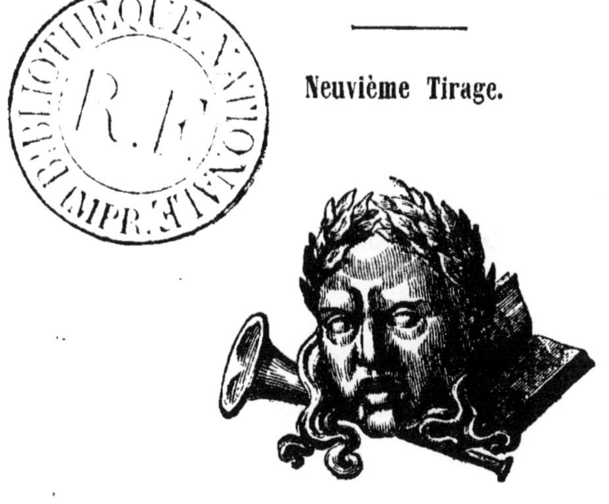

PARIS
A LA LIBRAIRIE NOUVELLE
BOULEVARD DES ITALIENS, 15, EN FACE DE LA MAISON DORÉE.

1852

DU MÊME AUTEUR.

SOUVENIRS D'UN AVEUGLE, 4 vol. illustrés.

PROMENADES AUTOUR DU MONDE, 2 vol. avec atlas.

D'UN POLE A L'AUTRE, 4 vol. illustrés.

VINGT JOURS DANS LE DÉSERT, 2 vol. illustrés.

Etc., etc., etc.

SOUS PRESSE.

MON DERNIER COUP DE TÊTE, 4 vol.

MYSTÈRES DE LA BOULE ROUGE, 4 vol.

LE DUC D'ALMÉIDA, 4 vol.

HISTOIRE DE PARIS, DEPUIS 1840 JUSQU'EN 1852, 1 vol. illustré.

PRÉFACE.

A VOUS QUI VOULEZ SAVOIR.

On vous trompe, on les calomnie, on se fait un jeu de votre crédulité; on vous présente des ogres là où l'on ne rencontre, en cherchant bien, que des appétits peu voraces et des consciences d'honnête homme.

Étudiez, comme je l'ai fait, ce pays si diversement tailladé, ces êtres exceptionnels qui le peuplent, et vous vous inclinerez en présence du tableau consolateur qui passera devant vos yeux.

Le comédien n'a pas une vie aussi murée que la vôtre, il la parcourt dans un palais de cristal, chacun y fouille d'un regard scrutateur, chacun y cherche ce qu'il veut, ce qui le flatte; et le spectateur irréfléchi voit en deçà de la rampe ce que la fiction lui montre au delà; il croit à l'amour passionné dont il vient d'entendre le langage, à la haine, à la jalousie, aux terreurs, aux perplexités, aux catastrophes qui font le drame, aux parfums, aux caresses, aux perles qui brodent l'existence; il s'enivre des pressions de main, des baisers et des extases du comédien, et le voilà tout entier en lui, son ami, presque son frère; il le dote sans le moindre scrupule des travers, des vices, des ridicules ou des hontes dont le poète a pétri son héros; quant aux vertus, elles s'effacent devant le souvenir des misères qui les emprisonnent, et les comédiens sont en général une race maudite.

A Paris, l'épicier, le bonnetier, la corsetière, la blanchisseuse, la modiste, la brodeuse ne connaissent pas de plus effrontés vauriens que Brindeau, Félix, Bressant ou Fechter; ils n'ont jamais vu de coquines plus débraillées qu'Augustine Brohan, Doche, Boisgontier, Page, Figeac, Luther, Duval et Ozy; ils frissonnent au contact de Ligier, de Frédérick Lemaitre, de Saint-Ernest, et ils sont étonnés de coudoyer, sans les voir rire au moins du bout des lèvres, Régnier, Arnal, Grassot, Perey, Sainville, Ravel, Laurent et Sainte-Foy.

Quant à mesdames Madeleine Brohan, Rose Chéri, Decroix, Mayer, Miolan, Taigny et vingt autres, ce sont des hypocrites dont on ferait bien de se sauver, comme du contact d'une vipère enroulée sous un berceau de fleurs... Gare la piqûre!

Tout cela serait triste, si ce n'était absurbe; mais, que voulez-vous? l'absurde pave le monde, et ce n'est pas vous, ce n'est pas moi dont le scalpel n'effleure guère que l'épiderme, qui changerons la direction de ces moutons de Panurge si bien parqués dans la Beauce et la Champagne.

Essayons cependant, et, pourvu que je ramène une seule brebis égarée dans la bonne voie, j'aurai atteint mon but.

Encore un mot, encore des chiffres; je défie Condillac de leur donner un démenti.

Nous avions en France trois ports : Brest, Rochefort, Toulon, appelant à eux les hommes que les lois ont éloignés de la société; ils étaient 7,903... Lisez :

Anatomistes, chirurgiens, officiers de santé, 10. — Armuriers, 7. — Artistes vétérinaires, maréchaux ferrants, 65. — Barbiers, coiffeurs, perruquiers, 27. — Batteurs en grange, cultivateurs, jardiniers, 1,257. — Bergers, chevriers, bouviers, 85.—Bijoutiers, joailliers, orfévres, 27. — Blanchisseurs, buandiers, bonnetiers, fabricants de bas, 6. — Bottiers, cordonniers, savetiers, 268. — Bouchers, charcutiers, 67. — Boulangers, pâtissiers, 75. — Bourreliers, carrossiers, selliers, 23.— Boutonniers, brodeurs, passementiers, 25.—Brasseurs, 5. — Briquetiers, chaufourniers, plâtriers, tuiliers, 44. — Bûcherons, charbonniers, sabotiers, 63. — Buffletiers, chamoiseurs, corroyeurs, tanneurs, 32.—Cafetiers, glaciers, limonadiers, 19. — Calfats, 2. — Cardeurs, fileurs de laine, drapiers, 71. — Carriers, mineurs, 74. — Cartonniers. 17. — Chapeliers, 26. — Charpentiers, charrons, mâteurs, perceurs, 170. — Charretiers, cochers, postillons, 129. — Chaudronniers, étameurs, 22. — Ciseleurs, graveurs, sculpteurs, 25. — Cloutiers, forgerons, serruriers, 197.—Commis, écrivains, employés, 72. — Confiseurs, distillateurs, 7. — Cordiers, fileurs et peigneurs de laine, 72. — Couteliers, repasseurs, 18. — Couvreurs, 28.—Cuisiniers, restaurateurs, traiteurs, 61. —Dégraisseurs, teinturiers, 29.—Dessinateurs, doreurs, peintres, 56. — Domestiques, 251. — Droguistes, herboristes, pharmaciens, 3.—Ébénistes, layetiers, menuisiers, 191. — Ecclésiastiques, 7. — Fabricants de toute espèce, 27. — Ferblantiers, lampistes, 19. — Fonctionnaires publics, 3. —Fondeurs, mouleurs, plombiers, 32. — Fumistes, poêliers, 7. — Gardes champêtres, gardes forestiers, 17. — Gaziers, rubanniers, 3. — Géomètres, opticiens, 8.—Homme de lettres, 1. — Hommes de loi, 5. — Horlogers, mécaniciens, 41. — Imprimeurs, libraires, 36. — Instituteurs, maitres de pensions et d'écoles, 43. — Journaliers, terrassiers, 1,111. — Maçons, plafonneurs, 479. — Marbriers, scieurs de pierre, 15.— Marchands de toute espèce, 363.—Mariniers, pêcheurs, marins, 111. — Matelassiers, 10. — Meuniers, 92. — Militaires (sans professions et compris les douaniers et les garde-côtes), 112.—Musiciens, 7.—Négociants, 13. — Notaires, 5. — Ouvriers en soie, 32. — Ouvriers non désignés, 68. — Sur les ports, 78. — Papetiers, 3. — Paveurs, 7. — Pompiers, 0. — Potiers d'étain ou de terre, 13.—Poulieurs, tabletiers, tourneurs, 72. — Propriétaires, 50. — Quincailliers, 4. — Rentiers, 3. — Rouliers, 8. — Scieurs de long, 149. — Tailleurs de pierre, 62. — Tailleurs d'habits, 170. — Tapissiers, tisserands, 2. — Tonneliers, 376. — Vanniers, 30. — Voiliers, 11. — Métiers, professions non désignés ci-dessus, 292.—Sans métier ni profession, 164.—Vitriers, 10. — Comédiens, 2, dont un d'origine étrangère.

Concluez!....

OPÉRA.

Selon les goûts, les caractères et les humeurs, ceci est un parfum qui enivre doucement les sens et la pensée, ou une exhalaison douloureuse à l'odorat et pesante à la poitrine.

Je me place, moi, être bizarre et non compris, dans la première de ces catégories; et la preuve, c'est que je me complais d'avance au récit que j'entreprends, c'est que je trouve de l'harmonie dans ce désordre que je vais tâcher de régulariser à votre profit, et qu'à tout prendre la monotonie du bien est plus triste, plus écrasante mille fois que la variété du mal.

La lente majesté du fleuve promenant ses eaux sur des plaines nivelées et dans un lit creusé pour lui m'assoupit et m'énerve, tandis que je me réveille à la voix sonore de la cataracte qui tombe du plateau dans le gouffre et bondit ensuite de roc en roc en tourbillons neigeux, pareils à un essaim de chèvres blanches sur la cime des Pyrénées.

Pourquoi l'œillet produit-il sur mon cerveau l'effet du vin de Champagne? Pourquoi le lilas m'endort-il? Pourquoi la rose me fait-elle verser des larmes? Pourquoi l'aspect de certaines jolies femmes me soulève-t-il le cœur, tandis que la présence de certains visages sans grâce et sans régularité appelle mes regards? On sent ces choses-là, on ne les explique pas; elles sont parcequ'elles sont: voilà tout.

Quand je dis que mes regards sont flattés ou blessés par de certaines images, il est bien entendu que je ne vous parle que du passé. Les ténèbres n'ont point de reflets; ma vue, c'est ma mémoire; et malheureusement, chez moi, la mémoire est au cœur...

C'était autrefois un grand et magnifique salon tout sculpté, tout doré; le badigeonnage a voilé les dorures: cela coûte moins cher d'entretien; et puis il y avait peut-être péril à présenter sans cesse cette couleur brillante aux regards avides

des prêtresses du lieu. Tantale est depuis longtemps banni de l'Opéra, ainsi que ses compatriotes de la fable. Plutus vient parfois y promener ses airs d'insolence et de fatuité.

Aujourd'hui, le vaste salon est coupé en deux : la partie supérieure est le foyer des danseuses; son plan incliné habitue les jambes des nymphes aux planches du théâtre ; la seconde partie du salon sert de magasin. Ainsi donc des vieilleries en dessous, des meubles frais et neufs en dessus... Vieux flatteur, va!

La cheminée est à gauche en entrant; à droite s'épanouissent une grande quantité de belles *glaces;* froid et chaud, tout est contraste à l'Opéra. En face de la porte trône un beau buste en marbre de la célèbre Guimard. C'est devant elle, et comme pour obtenir son suffrage, que s'exercent les danseuses. Les méchants disent que le buste grimace et fait la moue plus souvent qu'il ne convient à un marbre. Que ne disent point les méchants!

Tout près de la cheminée pirouettent, sautillent, gambadent, piétinent, jacassent les *marcheuses*, les *figurantes* et les *rats*. Ces derniers sont ainsi nommés parcequ'ils vivent dans la maison et de la maison: ils y gratignent, ils y nichent, ils y poussent comme des champignons. Un rat, hors des coulisses et du foyer l'Opéra, est tout désorienté; il se trouve dans un monde à part, dans un monde inconnu, abhorré. L'air libre est lourd aux poumons du rat dont je vous parle; il veut l'odeur du quinquet, la flamme du gaz; il s'accroche à la corde huileuse, il se cramponne aux portants de la coulisse; il cherche un sol de planches, un ciel de toiles, une marche de sauterelle, une parole cadencée; et puis, dans le lointain, un beau lustre, un parterre, des loges flamboyantes, de magnifiques toilettes et des binocles braqués sur ses appas naissants. Le rat de l'Opéra ne craint pas le matou. Le matou du rat de l'Opéra, c'est l'habitué de l'orchestre, vieux ou jeune, peu importe.

Chaque rat a son matou de prédilection ; mais il est inconstant par nature et par calcul; l'unité lui déplaît : deux matous lui suffisent à peine; ceci sans calomnie.

Les figurantes se rajeunissent, c'est dans l'ordre; les rats se vieillissent, c'est une tactique. Les premières veulent continuer plus longtemps, les derniers veulent commencer plus tôt; ceux-ci ont des mamans qui les favorisent dans cette ardeur de virilité; les mamans des autres ont passé des joies de la terre au silence de la tombe... Paix à elles!

Les rats et les figurantes ne se jalousent pas; entre eux il y a presque toujours communauté de biens et de profits.

L'égoïsme est un vice inconnu des rats et des figurantes de l'Opéra.

Je vous ai parlé de marcheuses. Il y a des marcheuses à l'Académie nationale de musique; il y en avait sous Duponchel, sous Véron, il y en a eu sous l'Empire, il y en aura toujours.

Les marcheuses sont ces grandes et belles filles que vous voyez, à la suite des corps de ballet ou des fêtes publiques, montrer aux regards de la foule leurs beaux yeux noirs ou bleus, leurs belles chevelures à elles ou d'emprunt, leurs jarrets taillés comme ceux de la Diane chasseresse, leurs gorges et leurs épaules pareilles à celles de la Vénus de Milo... presque aussi ébréchées, quoique moins antiques. Les marcheuses de l'Opéra ne sont point à dédaigner, je vous le jure.

Je vous ai dit qu'il y en avait du temps de l'Empire, et cela est vrai. A cette époque brillante, toute diamantée par nos conquêtes, les grands officiers du grand capitaine, avec leur grand sabre, leur grand uniforme et leurs grandes moustaches, venaient souvent dans les loges de l'Opéra étaler aux regards de la foule ébahie l'orgueil de leurs cicatrices et de leur idiome des camps. Chacun d'eux avait une marcheuse à sa disposition, et, comme les feux croisés de deux batteries rivales, les regards des vainqueurs et des vaincus se heurtaient dans la salle en vives étincelles. C'était encore là l'image de la guerre; et, à peu de chose près, nos vieux braves pouvaient se croire de nouveau sous les murs du Kremlin ou aux portes de Vienne.

Mais, quand le maître avait parlé, quand il avait montré du doigt un empereur à détrôner, ses soldats prenaient la volée comme autant de vautours rapaces ; et, fidèles dans leur attachement tout chevaleresque, les marcheuses du grand Opéra suivaient les armées et bivouaquaient loin de leurs dominateurs. Pauvre Opéra! que devenais-tu alors?

Aussi rapide que l'aigle qu'il avait pris pour enseigne, l'Empereur revenait après sa tournée de géant, et ses lieutenants chargés de trophées le rejoignaient à petites marches. Un jour qu'au milieu des cris de vive l'Empereur! mille fois répétés, une loge s'ouvrait au spectacle du ***Triomphe de Trajan*** : « Qu'est-ce que cela? s'écria Napoléon désappointé ; quels monstres le Romain traîne-t-il à sa suite? Est-ce pour de pareils magots que ma libéralité s'étend sur ce théâtre ? Je veux une réforme, une réforme complète; qu'elle ait lieu demain, ou je me fâche. »

La volonté du maître était un fait accompli.

Le directeur et les régisseurs de l'Opéra se mirent en quête de belles marcheuses, une presse sévère eut lieu dans toutes les maisons tolérées de la capitale, et les coulisses du plus brillant théâtre du monde se peuplèrent de vierges folles qui trouvèrent leur compte à cette violation inusitée du domicile.

Voici la liste exacte des jolies femmes du corps de ballet, des rats et des sauteuses de l'Académie nationale de musique.

. . . .
. . . .
. . . .

Je n'en ai pas oublié une seule.

Vous connaissez le temple, étudiez les desservants : il y a profit à de semblables analyses, l'intelligence a son scalpel; disséquons le moral et le physique de l'armée belligérante.

ROGER. Le larynx ne fait pas plus la fortune du chanteur que la plume celle de l'écrivain; j'ai connu un emballeur qui moulait admirablement à la course les adresses confiées à ses soins; j'ai entendu un marchand de peaux de lapin dont le timbre est aussi pur, aussi argenté que celui des cloches de *Notre-Dame de Lorette*.

On chante faux avec une voix métallique, on peut écrire des niaiseries avec une plume d'or. Le travail, la méditation, la persévérance, voilà les trois mobiles des succès durables, de ceux-là seuls qui font les réputations, qui bâtissent les renommées.

On disait : Si sa voix touche un grand Opéra,
Ce qu'elle a de brillant bientôt s'éclipsera.
Il arrive; on écoute, et, dans le cirque immense,
Un bravo général retentit, recommence,
Et du cintre au parterre un vaste écho répond...
Après Duprez premier règne Duprez second.

Mme LABORDE. Pureté cristalline, élégance dans la phrase, timbre mélodique, telles sont les qualités qui distinguent cette cantatrice dont les deux Amériques saluent le nom avec autant de bonheur que nous-mêmes :

Elle pince si bien et dièse et bémol,
Qu'on la dit en tous lieux la sœur du rossignol :
Moi je trouve toujours sa note si coquette,
Que je *la* crois plutôt *la* sœur de *la* fauvette.

Trois *la* dans un même vers! Pourquoi pas, puisqu'il s'agit d'une cantatrice d'un si grand mérite?

GUEYMARD. Il est arrivé, il a fait sa trouée à travers la foule des ténors qui se heurtaient, et il s'est placé en première ligne.

Le médium de Gueymard et ses cordes basses ne sont point irréprochables; mais ses notes élevées ont une puissance magique : elles visitent avec la même sonorité toutes les parties de la salle; elles arrivent nettes, posées, distinctes.., Gueymard appartient désormais à l'Opéra, comme l'Opéra appartient à Gueymard; il en a fait sa conquête. Depuis *Guillaume Tell* surtout, Gueymard a grandi de vingt coudées, et les beaux jours de Duprez renaissent avec lui.

Le voilà donc cet *ut* objet de tant de veilles,
Cet *ut* triomphateur, merveille des merveilles,
Cet *ut*, vrai casse-cou de l'avide ténor,
Ut sacré, fabuleux, valant son pesant d'or,
Ut qu'on cherchait toujours sur cette boule ronde,
Ut qui devait enfin faire le tour du monde,
Ut vainqueur des houris aux magiques appas,
Ut frénétique auquel Auber ne croyait pas,
Cet *ut* est arrivé, ce grand *ut* de poitrine,
Cet *ut* pyramidal, cet *ut*, ce fameux *ut*,
S'échappant du larynx, du ventre ou de l'échine ;
Cet *ut* qui des ténors fut constamment le but,
Cet *ut* qui, dans les airs, fit naître tant d'orages
En jetant sur le *sol* maints ténors démontés ;
Le voilà donc cet *ut*, plus haut que les nuages,
Cet *ut* impérial, incroyable, indompté,
Cet *ut* qu'avant Duprez l'on disait impossible...
Sur lequel on visait comme sur une cible :
Garde-le, le voilà, mets-le bien à l'écart.
Qu'il soit fêté, choyé, quoiqu'arrivant fort tard.
Nourris-le ce glouton, cet *ut* hyperbolique,
Ce *ut* fils de l'enfer, cet *ut* chaud, diabolique,
Cet *ut* qui vaut cent *fa*, mille *ré*, cinq cents *mi*,
Quatre cent mille *sol*, qu'on ne tient qu'à demi ;
Ut qu'on ne peut lancer qu'en allongeant la lèvre,
Ut qui fait frissonner, *ut* qui donne la fièvre,
Ut beau, tel que jamais on n'en fit de plus beau,
Ut qui saura creuser, hélas ! plus d'un tombeau.
Ut crâne, *ut* assassin, *ut* vraiment incroyable,
Ut qu'on a si longtemps chez nous traité de fable,
Cet *ut* qu'après vingt ans tu viens de faire tien,
Garde-le, cher Gueymard, moi je quitte le mien.

A présent qu'on a tiré *Duprez au clair*, félicitons-nous de notre nouvelle conquête, Gueymard a son *ut*, restons-en *là*.

Gueymard a succombé, l'*ut* fabuleux a triomphé de lui.

Te voilà donc enfin vaincu par le grand *ut*,
Cet *ut* cyclopéen dont tu faisais ton but,
Ce grand *ut* qui n'est plus, et qui cependant fut,
Cet *ut* que maints ténors voulaient mettre au rebut
Cet *ut* que tu croyais ta planche de salut,
Cet *ut* plus redouté que l'horrible scorbut,
Cet *ut* qui, de Duprez le premier soir qu'il chut,
Embrasa le public, le fit trembler, l'émut,
Et la tête en boisseau tout ébahi s'en fut.
Hélas! lorsque là bas Rossini le conçut
Au fond de son caveau, je suis certain qu'il dut
Se dire que Duprez le pourrait... il le put.
Un jour dans le lointain mons Gueymard l'aperçut;
Il l'appela du doigt, en ami le reçut ;
Mais, lorsqu'un peu plus tard bien mieux il le connut,
Il l'envoya rôtir auprès de Belzébuth.
Que vouliez-vous qu'il fît contre lui? — Qu'il mourût,
Ou qu'un beau désespoir enfin le secourût....

Corneille chante, vous savez le reste.

Le désespoir a été sans puissance, Gueymard a reculé; la retraite n'est pas toujours une fuite; celle de Xénophon, que je vais chercher bien loin, le prouve de reste.

BRÉMONT. C'est plus qu'une réputation, c'est une renommée. Brémont peut se passer de mes éloges, je ne peux guère me passer de lui quand je vais à l'Opéra. L'orgue est mon instrument favori.

FANNY CERRITO-St-LÉON. Bondissez de joie, elle nous arrive ; tuez le veau gras, elle franchit les Pyrénées, Madrid nous la rend.

Jeune fille de l'air subis la loi commune,
Et loin de nous Fanny ne va plus t'enrôler ;
N'est-on pas possesseur d'une immense fortune
Alors qu'on peut *voler ?*

A Londres c'était de la frénésie, à Madrid de l'enthousiasme, à Paris c'est du délire... Fanny-St-Léon n'est pas ingrate, battez des mains.

DEPASSIO. Sa voix a du cuivre; je crois que, s'il l'essayait, il descendrait trois notes au dessous du tonnerre. Depassio chante sans effort et toujours juste, de plus il est excellent camarade; étonnez-vous après cela qu'on l'aime à tort et à travers!

MATHIEU. Il ne remplace personne; il nous revient parcequ'on avait bon souvenir de lui, parceque les talents d'élite nous appartiennent, parceque son poste est ici et non pas ailleurs.

CHAPPUIS. Encore un ténor! il en tombe des nues. Roqueplan n'est pas assez sot pour s'armer d'un parapluie; il les recueille, et il a raison, quand ils sont pétris comme celui dont je vous parle. Voix ample, facile et légère : on applaudit toutes ces qualités chez Chappuis.

MASSOL. C'est une vieille connaissance dont le départ a fait un vide à l'Opéra, mais qui vient de réparer le tort de son escapade par un retour que nous appelions de tous nos vœux.

Massol possédait *un castel en* 1846... Le castel existe toujours frais, joyeux et sans brèche, celui-là... J'y demande un asile. Il y a là une malice, devinez-la.

MERLY. Soyez le bienvenu, vous n'avez point de contradicteur, car vous ne comptez parmi nous que des amis ôtant leurs gants pour vous applaudir : le bruit est moins sourd.

MORELLI. Je savais qu'il m'arriverait. Le voici, je m'en empare.

Il est bien taillé, très beau garçon, bien élevé, il est de race; et ce ne sont là pourtant que les moindres qualités du baryton émérite qui sait son art comme vous savez votre alphabet.

Les Italiens laissèrent partir Morelli devenu notre concitoyen; il avisa de nouveau la belle Ausonie, se retrempa au ciel de Milan, revint encore, courut à Madrid où ses triomphes ajoutèrent quelque chose à son talent déjà si distingué; puis se remontra de nouveau à Paris, et l'y voilà, certes, ancré pour toujours.

La voix de Morelli est sympathique comme une caresse fraternelle; mais c'est sa méthode surtout qui lui vaut la place qu'il occupe dans l'estime des connaisseurs, c'est elle qui fait sa renommée.

PLUMKETT. Les bonheurs ont leurs caprices, car voilà une toute gracieuse personne à côté d'un beau garçon qui peut la voir et lui presser la main. Quant aux petits pieds de la danseuse, ne les cherchez pas, ils voltigent si vite qu'on se fatigue à les suivre.

Est-ce un sylphe, un duvet, une feuille de rose ?
Est-ce un doux alcyon au cri faible et plaintif
Quand loin de sa compagne on l'enchaîne captif ?
Tout cela c'est Plumkett qui se métamorphose.

Les rimes m'appartiennent, la pensée est à ceux qui voient, mon devoir est d'écouter ce que l'on dit là et là, et de recueillir sur mon livre pour l'instruction de tous.

PETITPAS. Petitpas! que lui importe à lui de les faire grands ou petits, puisqu'il ne se fatigue jamais à la course! Vous le voyez partir, monter et retomber... je ne l'entends pas.

Mme TEDESCO. Combien a-t-il fallu de temps à cette belle femme pour se créer chez nous une réputation?... Un jour, une heure, quelques instants, une phrase. C'est là une cantatrice complète, une de ces organisations privilégiées qu'on cherche et qu'on ne trouve qu'à de rares intervalles... Mme Tedesco est taillée pour les reines. Si vous l'écoutez dans la Berthe du *Prophète*, vous rentrez chez vous la tête et le cœur bercés de chastes mélodies, le cœur et la tête empreints de doubes pensées.

Mme POINSOT. Encore une belle femme, encore une belle fille, encore un beau talent dont *les Huguenots* et *Robert* ont assuré le triomphe. Donnez-lui une création, et vous verrez où s'arrêtera l'enthousiame.

Mme DAMERON. Salut! trois fois salut à cette gentille cantatrice que je vous défie bien de ne pas aimer si vous l'avez vue, que je vous défie bien de ne pas applaudir si vous l'avez entendue! Le génie choisit à merveille ses favoris et ses favorites; il ne veut pas d'un sol stérile, et les conseils viennent en aide aux facultés que la nature a données. Mlle Dameron est une des pierres les plus précieuses du diadème de l'Opéra.

Mme MASSON. Tiens, *lis*, *Masson*; lis ce rôle, et fais-le valoir. Il n'en faut pas davantage pour que le rôle ait de l'éclat, pour qu'il rayonne dans la vaste enceinte, pour qu'il fasse crier bravo aux dilettanti accourus à l'appel.

BAUCHEZ. *Des Bauchez* à côté de mademoiselle Masson!... quel contraste! quelle impossibilité! La vertu impose comme le talent, et, malgré tout son mérite, Bauchez rentrera chez lui le cœur plein de regrets, comme vous, comme moi, comme nous tous.

MÉRANTE. Si je les avais, *Mérante*, je les offrirais... vous êtes trop curieux, vous ne saurez pas à qui j'en ferais hommage.

Mlle PRIORA. Je me fais l'écho de tout le monde; on m'assure qu'elle vient de Rome ; ce n'est pas vrai, c'est la fille de l'air, c'est le flocon de neige, c'est le duvet promené par la brise, c'est la jeune nymphe touchant le sol pour ne pas quitter ses compagnes, c'est la fleur qui se penche, c'est l'abeille qui voltige, c'est la grâce et la légèreté sous le même corset, c'est le goût et l'élégance sous la même gaze, c'est aussi le feu dans le regard... Mais pourquoi n'y a-t-il pas le sourire sur les lèvres? Croyez-moi, Priora, coquetterie n'est pas vice, et la grande école dont vous êtes le vrai modèle ne défend pas de montrer ses dents aux admirateurs qui ne veulent rien perdre des richesses offertes à leur avidité.

Taglioni, Priora... tirez au sort....

> Sous l'arc de tes sourcils une flamme étincelle ;
> Dans les cœurs haletants un feu brûlant ruisselle
> Alors que dans les airs on suit en vain tes pas.
> Et, puisqu'un Dieu puissant te créa noble et belle,
> Aux généreux instincts cesse d'être rebelle,
> Le marbre seul ne sourit pas.

SAINT-LÉON. Montrez-lui de votre loge le bouque que vous lui destinez, mais ne le lui jetez pas; il saura bien monter le prendre et descendre avec lui.

Personne, pas même Paul l'Aérien, n'a eu tant d'élévation ; il danse comme l'oiseau vole; et ne croyez pas que tout son esprit soit dans ses jarrets... Saint-Léon est plus artiste que cela; il imagine, il compose, il crée des sujets de ballets ravissants à l'œil et parlant à la pensée comme la poésie d'Hugo, comme celle de Lamartine, de Ségalas et de Valmore.

Vous savez comme ce grand artiste joue du violon; ici je suis compétent, et j'admire à mon tour.

GIRARD. Je me plais tellement dans l'harmonie des sons, qu'il m'arrive souvent d'oublier mes ténèbres lorsque j'écoute une musique sérieuse. Ne vous étonnez donc pas si j'envoie d'ici à M. Girard, l'habile chef d'orchestre du lieu , les témoignages de ma profonde gratitude. Dorus, Altés, mon jeune ami, Allard, Senger, Veroust, Norblin, merci à vous qui pensez peut-être un peu au pauvre Bélisaire qui pense beaucoup à vous, et vous quitte cependant pour de nouvelles analyses !

COMÉDIE FRANÇAISE.

Le salon est vaste, parfaitement parqueté, orné de tableaux et de marbres rappelant nos illustrations artistiques. Ici une figure de Talma, là une figure de Talma, plus loin le buste de Talma. Ce n'est pas trop, ce n'est pas assez ; il faut multiplier les grands modèles.

Sur d'autres socles, les images bien aimées de Molière, Larive, Louis XIV, Préville, Duchesnois, Saint-Prix, Clairon, Joly, Monvel, Dangeville.

Là encore une véritable galerie d'artistes chers à la Comédie-Française : Brizard, Grandmesnil, Damas, Fleury, Duclos, Raucourt, Le Kain, Molé, Baptiste aîné, Baptiste cadet, Bourgoin, Desmarres, Thénard, mère pleine de vie encore et coiffée, je ne sais pourquoi, en plumes blanches imitant parfaitement des limandes en goguette.

Sur la cheminée à droite, les statuettes élégantes de nos amoureuses et de nos soubrettes. L'œil se ranime à ces charmantes images ; le cœur se dilate au souvenir des gloires mortes de la première scène du monde.

Aujourd'hui le corps d'armée est au grand complet, et, parmi les généraux mâles et femelles, quelques-uns laisseront un nom impérissable.

RACHEL. Vous la connaissez, je la connais, la France

la connaît, l'Europe la sait par cœur ; on bat des mains ici, là, partout : c'est à briser le tympan.

Rachel, quand du Seigneur la grâce protectrice,
Te créa, d'un seul mot, reine de la coulisse
Et releva par toi le culte des beaux-arts,
C'est qu'il voulut encore évoquer les voix mortes
D'Athènes, de Stamboul, de Thèbes aux cent portes,
Et nous montrer debout la cité des Césars.

SAMSON. De ses défauts il s'est fait des qualités, et à force d'études il est devenu ce qu'il est, c'est à dire Samson, c'est à dire encore un esprit fin et délicat, un observateur profond, un admirable diseur.

Samson écrit de charmantes comédies en prose et en vers. Samson est une des plus fermes colonnes de ce théâtre qui a subi tant de révolutions, et qui, sous la haute intelligence de M. Arsène Houssaye, se consolide chaque jour... bloc de granit.

PROVOST. Il est fort aux échecs, aux dominos ; il est fort aux dames, il l'est bien plus sur la scène ; mais là nous ne le craignons pas, nous l'aimons, et nous disons : Bravo ! avec le parterre et avec les loges.

Cherchez, cherchez encor, fouillez dans maint dossier,
De nos bureaux poudreux feuilletez les registres,
Vous ne trouverez pas parmi nos grands ministres,
Un plus solide *financier*.

GEFFROY. Peintre sur la toile, peintre sur la scène, la comédie lui va bien, la tragédie lui va mieux ; je lui devais un quatrain, je le lui donne tel quel, tant pis pour moi si l'on me siffle.

J'ai froid, non pas alors qu'il occupe la scène.
J'ai froid, non pas alors qu'il est valet ou roi :
Chez Thalie en grelots ou bien chez Melpomène,
Nul de nous ne peut dire en l'écoutant : *Geffroy*.

Que voulez-vous ? la maladie est devenue chronique, on ne m'a pas corrigé dès mon bas âge.

Mlle AUGUSTINE BROHAN. Organe pénétrant sans être criard, regard téméraire sans être provocateur, sourire plein de charme, démarche aisée, peu de gestes et sans prétentions, telle est Augustine Brohan, tel était le modèle où elle a puisé ses premières leçons, telle était Suzanne Brohan, la mère d'Augustine et de Madeleine... Bon sang ne peut mentir, talent oblige.

A l'une la coquetterie,
Le sourire et l'espièglerie ;
A l'autre les soupirs, les baisers et les pleurs :
C'est partager en bonnes sœurs.

Mlle MADELEINE BROHAN.

Un cheveu, rien de plus, oui, telle est la conquête
Que je voudrais ravir à son front adoré.
Qu'est-donc qu'un cheveu sur cette noble tête
Cent fois moins qu'un épi dans un beau champ doré.

Si vous l'avez vue, si vous l'avez entendue, vous êtes doublement heureux. On m'assure qu'on devinerait presque le talent de Madeleine en étudiant sa silhouette, tant il y a d'harmonie dans toute sa personne. Toutes les femmes la trouvent belle, très-belle..... Concluez.

BEAUVALET. C'est une organisation privilégiée, c'est un acteur taillé tout d'une pièce, qui a son idée à lui, ses façons à lui, ses allures à lui... J'aime ces natures vivant dans l'indépendance et la liberté.

Beauvalet a été très beau dans les rôles de ses pièces et dans ceux qui lui ont été confiés par les maîtres de la scène ; il fut admirable dans *Caligula*.

Le talent de Dumas ne connaît pas d'entrave,
Tout crétin, tout héros est sur son chevalet :
Un jour, pour nous montrer un misérable esclave,
Il fit poser *un beau valet*.

Ne vous ai-je pas dit que le calembour était en moi comme le parfum à la rose, comme le marais à la grenouille, comme la grâce à Madeleine?... Choisissez!

RÉGNIER. Ah! par exemple! en voici un que je vous défie bien de ne pas aimer dans son flegme sous la livrée ou l'habit du bourgeois. Régnier ne court point après les effets, ils viennent à lui ; il n'a rien de Samson, il n'a rien de Monrose dont la comédie est en deuil ; il est lui, il ne veut être que lui : il perdrait à changer.

Insolent et bavard, hypocrite et railleur,
Le public dès longtemps apprit à le connaître ;
On peut nous défier d'en trouver un meilleur :
Un tel valet est passé maître.

BRINDEAU. Vous connaissez cette charpente de beau garçon qui du Vaudeville est allé aux Variétés, et des Variétés ici. Scribe, notre maître à tous, le lorgnait, et un beau jour il fit si bien qu'il le casa rue Richelieu, où ses progrès ont été rapides.

Il est beau, très bien fait, il est rempli de grâce,
Et dès son premier pas il a conquis sa place.
Puis pour le *Verre d'eau*
Convenez avec moi qu'il fallait un *brin d'eau.*

Et de six... Envoyez vite chercher un docteur, le mal empire, j'agonise.

MAILLART. Il joue la comédie comme on le fait quand on ne puise que dans ses inspirations J'ignore s'il est sorti du Conservatoire; mais ce que je sais, c'est qu'il n'en a point la note régulière et cadencée, c'est qu'il n'emprunte rien à la tradition.

Entre vous et moi, Maillart, n'est-ce pas que vous aimez mieux les Variétés que la variété? Ceci est une malice connue seulement de vous et de moi.

LEROUX. C'est un beau garçon, un bon diseur, un studieux comédien qu'on n'aurait garde de laisser autre part qu'ici.

DELAUNAY. Tout le monde en dit du bien. Donner un démenti à tout le monde serait faire preuve de mauvais goût; je suis de l'avis de ceux-ci et de ceux-là.

GOT. Hu! Got! oh! le vilain nom... je me trompe, c'est un nom immense qu'on ne prononce que le front courbé.. . Et de sept: on prépare ma bière,

MAUBANT. Je ne sache pas qu'un auteur soit forcé de lui dicter l'esprit de ses rôles, ce serait courir grand risque de perdre au change; quand la source est pure, il ne faut pas la troubler.

MONROSE. Le Théâtre-Français se voila de deuil à la mort du père. Le fils a quelques-unes des précieuses qualités de celui que nous pleurons encore.

N'est-ce pas qu'il est lourd, un nom comme le tien ?
N'est-ce pas qu'il est lourd, un nom comme le mien ?

Bah ! bah ! n'importe,
Fier qui le porte.

Talent oblige, je me répète; Monrose fils n'a pas volé son titre de sociétaire de la Comédie-Française.

ANSELME. — GUICHARD. — ANDOUX. Les trois n'en font qu'un; vous savez qu'il en est ainsi là-haut. Ce n'est pas chose fort aisée que de bien porter une lettre, que de bien faire une annonce... Mademoiselle Mars m'a dit souvent cette grande vérité.

RAPHAEL.

En tous lieux à grands pas la troupe se promène,
Cousins, frères et sœurs,
Des Etats de Thalie ou bien de Melpomène,
Ce sont les ravisseurs.

Oui, sans doute, il y là du talent; mais l'astre éclipse le satellite. Trouverons-nous encore quelque membre de la famille dans nos courses à travers les théâtres? Espérons-le, loin de le craindre.

Mlle DENAIN. J'ai *vu* ses premiers débuts, j'ai *entendu* ses derniers succès, j'ai battu des mains ici et là.

Mlle REBECCA. Sœur de Rachel, que me veux-tu? On cueille une fleur, deux, trois, quatre, cinq, six: on s'arrête là. Vous ne me ferez jamais croire que Louis-le-Gros soit Louis-le-Grand. Ma pensée n'est peut-être pas bien claire: je n'ai pas le temps de la faire rayonner.

Mlle NATHALIE.

Juif est son nom et juive sa figure,
Juif son regard, juive aussi sa tournure,
Juifs ses cheveux, ses dents et son souris ;
Mais son talent est de tous les pays.

Qui placez-vous au-dessus de Nathalie?

Mlle MARQUET. Soyez la bienvenue, charmante vignette à l'organe si suave et si doux ; vous avez fait votre nid dans ce théâtre privilégié ; restez-y pour ceux qui aiment la bonne comédie et les bonnes manières.

Un jour on accompagnait à sa dernière demeure une pauvre ouvreuse des *Variétés;* mademoiselle Marquet suivait tristement le corbillard ; et là-bas, là-bas, lorsque les prières furent dites, on allait jeter le cadavre dans la fosse commune ! Mademoiselle Marquet s'élance, et dit d'une voix entrecoupée de sanglots : « Voici de l'or, prenez, achetez une croix sainte, et qu'elle abrite seule la pauvre femme, auprès de laquelle ses amis pourront venir prier et pleurer... »

Ceci est du drame intime ; mademoiselle Marquet y a un beau rôle.

Mlle BONVAL. La Comédie-Française, déjà fort riche, a pensé qu'une pierre précieuse de plus à son écrin n'était point à dédaigner ; et voilà pourquoi nous trouvons ici mademoiselle Bonval.

Mlle JUDITH.

> Couvre ton front de fleurs, enivre-toi de fêtes ;
> De ton œil aux cils noirs, sans haine et sans courroux,
> Abreuve de bonheur qui t'implore à genoux.
> Mais, de grâce, Judith, ne tranche point de têtes.

Il y a de la passion chez cette belle personne... Je ne parle pas de la femme : l'actrice seule est de mon domaine.

Mlle SARAH. J'étais bien sûr de trouver encore sur mes pas une Rachel quelconque. Il y a des familles qu'on rencontre partout, et j'avoue que j'ai cherché des Félix jusqu'en Patagonie, où je déclare, du reste, n'en avoir rencontré aucun... Sarah est comédienne des pieds à la tête et dramatique de la tête aux pieds.

> Oh ! si tu n'étais pas la sœur de cette femme
> Qui soumet les cœurs à sa loi,
> Nous remplit de terreur et nous brûle à sa flamme,
> On parlerait bien plus de toi.

Mlle RIMBLOT. Tudieu, quelle belle femme ! Tudieu, quelle noble tragédienne ! Beauvalet a passé par là... Point de mauvaises pensées, je vous prie.

Mlle FIX. Ce nom-là a l'air d'un commandement, avec ce mot-là on rend immobile une compagnie ; mais les mains n'exécutent pas l'ordre, et on applaudit au frais talent de l'artiste que le hasard a eu tort de reléguer au bas de ces pages.... Ne m'en punissez pas, mademoiselle.

Mlle SAVARY. L'urne a été infiniment injuste pour mademoiselle Savary qui, tout d'abord, s'est fait un nom pailleté : ce n'est pas du clinquant; c'est une valeur réelle, estimée comme le rubis et l'émeraude.

Mme ALLAN. Elle nous vient de Russie, toute chaude, toute palpitante ; elle a laissé là-bas les glaces de la Néwa et les rafales du pôle... Le czar est un maladroit ; je ne sais combien de fois j'ai répété cette grande vérité.

Mlle SAINT-HILAIRE. Ce n'est pas elle qui a demandé le Théâtre-Français, c'est le Théâtre-Français qui a demandé l'actrice soubrette, avenante, pleine de malice et de finesse .. on vit de souvenirs.

OPÉRA-COMIQUE.

Nous avons vu ce théâtre rayonnant sous Crosnier, chancelant sous un autre, agonisant sous un troisième; le voici splendide, éblouissant sous l'intelligence et la main de M. Perrin dont les arts se glorifient.

Que faut-il pour bien gouverner des troupes masculines et féminines, toujours prêtes à s'insurger contre elles-mêmes ? Il faut un chef qui s'isole sans blesser la dignité des soldats , qui se fasse étranger aux petites rancunes, aux petites intrigues, aux petites haines, aux petites passions du cœur... Le chef a été trouvé, M. Perrin trône ; l'édifice ne périra pas.

Au reste, jamais plus formidables bataillons ne défilèrent devant nous ; nous saisissons au collet ceux qui passent en bottes, en brodequins, en paletots, en cachemires, en chapeaux de feutre, en voilettes, en plumes, avec une voix descendant trois notes au dessous du tonnerre, ou un timbre grimpant à mille mètres au dessus des nuages.

Dégageons-nous de toute prévention, et livrons notre examen au contrôle de plus habiles que nous.

Mme UGALDE.

Avez-vous jamais vu, serpentant dans les airs,
Ces feux que Ruggieri lance au sein des nuages,
Et qui vont s'éclipser au séjour des éclairs
Comme ces jets brûlants précurseurs des orages ?
C'est la gamme d'Ugalde escaladant les cieux,
C'est la foudroyante merveille
Que peut suivre à peine l'oreille
Dans ses élans capricieux.

C'est encore... Au diable la comparaison poétique! j'aime mieux la finir en prose.

J'ai vu le saut du Niagara, la chute du Rhin, la cascade du Pays-Brûlé, à Bourbon; celle de Fatahua, à Taïti; celle de Garet et de Grip, dans la vallée de Campau; celle de Gavarny, dans les Hautes-Pyrénées; celle du Réduit, à Maurice; j'ai étudié les plus magnifiques cascades du monde, et je m'en suis éloigné plein d'admiration. En voici une qui m'attire toujours à elle, et qui me rappelle toutes les autres. La voix de Mme Ugalde est une cascade permanente avec ses sifflements, ses ondulations et ses flouflous. Seulement, usant du privilége exceptionnel que lui a donné la nature, elle monte et descend à volonté, elle s'en va, revient, voltige et tourbillonne à écraser l'attention, à ne vous laisser de liberté que pour l'entendre et la suivre... Les cascades de Mme Ugalde vous donnent le vertige.

Persiani, Damoreau, Dorus, Laborde sont aussi des cascades; elles plaisent, elles subjuguent, elles captivent, elles n'éblouissent pas. C'est du bonheur sans mélange, c'est une ivresse à jet continu... Les cascades de Mme Ugalde vous feraient peur si l'enchanteresse ne vous avait point habitué au danger. Bah! bah! ne craignez rien, vous arriverez toujours avec elle dans un champ plus vaste, dans une plaine plus unie, sur un terrain tout pailleté de fleurs, et vous suivrez alors le flot sans presque vous souvenir de vos émotions premières et de vos premières terreurs... Il y a de la magie dans tout cela.

BOULO. Franchement, c'est un vilain nom, plus franchement encore c'est une voix sympathique comme les plus sympathiques... Boulo chante dans toute l'acception du mot. Boulo s'impose.

COUDERC. A-t-il usé des joies de ce monde! A-t-il abusé de celles du théâtre!... Fêté, caressé, dorloté, praliné, beurré, confituré, Couderc est resté debout malgré tant de cajoleries, et, après une fuite dont nous lui avons gardé rancune, il nous est revenu toujours chaud, toujours passionné, mais avec un peu d'ébranlement dans la voix. Le bras s'use à lutter, le pied à la course, la tête à penser; Couderc aurait dû réfléchir à cette grande vérité de tous les temps; mais le bonheur! mais l'ivresse d'un regard! mais le chatoiement d'une douce parole!... Je m'étonne, moi, que Couderc soit ce qu'il est, c'est à dire toujours plein de sève, toujours amusant ou dramatique.

JOURDAN. Il est petit, n'est-ce pas? Qu'importe, si sa voix imprégnée de mélodies vous arrive à la tête et au cœur? On aime Jourdan, non pas seulement par ce qu'il est aujourd'hui, mais encore par ce qu'il a été; en peu de temps il a franchi un immense espace, il s'est posé en première ligne. Dès qu'il arrive, on se dit des loges et du parterre : « C'est bien, le voilà, écoutons, battons des mains! »

Qui chante mieux la romance que Jourdan? Cherchez, j'attends une réponse qui n'arrivera pas.

Mlle LEFEBVRE. Jourdan n'est pas malheureux, les lois du destin tirent de l'urne, après le sien, le nom de cette délicieuse cantatrice, de cette charmante comédienne dont la voix est à elle sans escamotage, sans emprunt, sans subterfuge. Le médium de Mlle Lefebvre est plein, ses cordes basses, sonores, ses notes élevées d'une limpidité ravissante... Je ne sache personne qui s'inscrive en faux contre ces lignes, et je ne dis pas ici les instants de bonheur que je lui dois, au milieu de mes nuits si longues et si ténébreuses.

Elle jouait l'autre soir Benjamin dans *Joseph*; mon crayon était là, j'écrivis :

> **Vraiment je ne suis pas ému par les alarmes**
> **Du vieux Jacob errant sur les bords du chemin,**
> **Et que guide, craintif, le pieux Benjamin.**
> **Aveugle comme lui, mes yeux seraient sans larmes**
> **Si, comme lui, ma main pouvait presser ta main.**

Mme FÉLIX. Bonjour, Melotte; bonjour, ma gracieuse pensionnaire de Rouen; bonjour, excellent cœur, femme bonne parmi les meilleures... On me dit que ta taille, autrefois si svelte, a pris de la rondeur; je ne veux pas m'en assurer, j'aime mieux te rêver toujours fraîche et limpide, jeune et souriense, comme lorsqu'on ne croit ni à l'âge mûr ni à la vieillesse... Une quinzaine d'années changent un enfant, n'est-pas? J'en sais quelque chose, moi dont les yeux flamboyaient, et qui les baissais cependant à l'éclat des tiens.

COULON. Salut au nouveau venu, que nous avons vu timide comme une jeune pensionnaire aux accords du premier bal, et que le succès enhardit jusqu'à la témérité. Coulon a le cœur libre, j'en sais quelque chose; eh bien! tant mieux, sa tête y a gagné, sa voix aussi; les compositeurs lui donnent des créations, et le public s'en réjouit comme moi.

Mlle FÉLIX MIOLAN. Que voulez-vous? c'est là une de ces heureuses organisations devant lesquelles je m'incline et qui m'absorbent tout entier. La voix de mademoiselle Miolan me va droit à l'âme; je me sens parfois une larme aux yeux alors que m'arrivent harmonisées, comme un collier de duchesse, les fioritures délicieuses de cette cantatrice au goût si délicat, à la manière si distinguée... Duprez a passé par là, si je ne me trompe.

Ton nom est Miolan, ce nom convient aux chattes
Qu'on ne nourrit jamais de dièses ou bémols.
Pourquoi t'en appauvrir, toi qui n'as que deux pattes
Et chantes comme au bois chante le rossignol?

J'ai bien là d'autres quatrains à ton adresse; mais on y trouverait peut-être une pensée du cœur plutôt qu'une pensée de la tête... Qu'ils meurent dans mes cartons.

BATTAILLE. C'est un nom de guerre; je me trompe, c'est un nom de succès, c'est un nom de victoire. Un rôle a tout d'abord posé Battaille en première ligne; vingt autres rôles sont venus consolider cette réputation doublement acquise par le beau talent du chanteur, par le beau talent du comédien... Les mêmes mots ne disent pas les mêmes choses.

SAINTE-FOY. — RIQUIER. — LEMAIRE.

Riquier, Lemaire, Sainte-Foy,
Sainte-Foy, Riquier et Lemaire
Au spleen brûlant tous les trois font la loi,
Chacun d'eux est toujours celui que je préfère.

Je vous défie bien de ne pas rire s'ils vous disent : Riez. La Comédie-Française, le Vaudeville, les Variétés, les boulevards n'ont pas d'acteurs plus comiques, de physionomies plus amusantes ; ils font recette, et un acte seul leur suffit pour cela. *Bonsoir, M. Pantalon!* acceptez-vous mon *Rendez-vous bourgeois;* qu'en dites-vous, mes braves *Gentilshommes?* craignez-vous *Gille le Ravisseur?*... ce serait ravissant. Je n'en finirais pas avec eux si je ne me faisais violence.

BUSSINE. C'est une voix pleine et limpide, c'est un timbre mélodique, c'est une facilité de cadences et de roulades qui rappellent Martin, l'immortel chef de file de l'emploi. Si Bussine, dont la modestie égale le talent, ose oser davantage, il voyagera côte à côte avec le Martin des temps passés; et je ne sais pas trop qui, dans l'avenir, marchera sur la même ligne.

Quand ta voix vibre à l'air, tu nous mets tous en joie,
C'est du satin lamé, du velours, de la soie;
C'est le flot promeneur à travers les bosquets,
C'est du gai bengali les suaves caquets,
C'est la source joyeuse au pied de la charmille,
C'est le concert du soir au foyer de famille.

Mme LEMERCIER. Voici de la crânerie : le tambour-major de la troupe féminine, le tambour-major sans cigare à la bouche, sans jurons aux lèvres, sans allures de cabaret. C'est de la crânerie, voilà tout.

Je voulais d'un quatrain saluer ta finesse,
De ton talent si vrai constater la souplesse,
Et vanter comme tous tes solides appas;
Mais mon crayon oisif bâille dans sa paresse.
Le *quatrain en cinq vers*, tu ne le liras pas.

Mme MARIA MEYER. C'est un talent frais et délicat, c'est une toute gentille personne, à laquelle on voudrait attacher un défaut capital pour l'aimer un peu moins... Tout cela est sympathique comme la fraternité.

On me dit que ses yeux sont un charmant miroir,
Et que contre eux en vain on voudrait se défendre;
A vous donc, mes amis, le plaisir de la voir,
A moi le bonheur de l'entendre.

BELLECOURT. Jamais utilité ne fut plus utile. Vous verrez que son absence fera brèche au théâtre.

NATHAN. — DUVERNOY. N'attends pas un long article, mon brave! Toi et Duvernoy, vous êtes absorbés par les têtes de colonne qui ne vous effacent pourtant pas de mon souvenir.

Mlle DECROIX. J'espérais que de l'urne sortirait un nom obscur, et voilà que l'urne donne un démenti à mes prévisions... On ne sait comment varier l'éloge, tant il doit occuper d'espace dans ce petit livre. Au diable le talent! il fatigue la plume de l'écrivain.

A droite l'on me dit que sa voix est vibrante,
A gauche, que son rire est des plus gracieux.
Eh ! que m'importe, à moi, sa figure enivrante,
Puisque je vis, hélas ! sans soleil sur les yeux ?

Thompson, Johannot, saisissez votre burin, préparez votre cuivre, mademoiselle Decroix pose devant vous; mais faites-la causer, faites-la chanter, j'écoute.

Mme RÉVILLY. Elle est comédienne des pieds à la tête, et cependant elle n'aura que quelques lignes dans ce petit livre ; car je lui garde rancune. Mon quatrain vous en dira le motif :

Toujours seule ! Pourquoi ? dis, est-ce une habitude ?
Comme toi, j'ai souvent aimé la solitude :
Mais crois-moi, cœur sans cœur, on n'est jamais heureux
Qu'à deux.

V'lan !

DELAUNAY RIQUIER. Du Conservatoire, il es venu là pour apporter *Il bondo cani*, moins le grand air, admirablement chanté jadis par M. Fay. Du premier pas, Delaunay s'est posé debout; le second l'a drapé dans son triomphe ; et ce n'était pas chose aisée que de s'attaquer à *Joseph*, ce magnifique oratorio de Méhul, arche sainte de bien des chanteurs d'élite. Delaunay est sorti vainqueur de l'épreuve, et désormais il peut naviguer à toutes voiles sur cette mer orageuse qu'on appelle le théâtre. La mélodie acquiert de son charme au milieu des brises folles qui se jouent à travers les cordages et les voiles de la carène aventureuse.

PONCHARD. Voici un beau nom, un nom magnifique, un nom qui ne périra pas. Le fils est l'élève du père. C'est un élève, soit; mais un de ceux que l'on avoue, un de ceux dont on se fait gloire.

CARVALHO. J'aime le créole, j'aime cette nature douce et forte à la fois, j'aime ces pays équatoriaux où je me suis si souvent bercé aux soupirs de la vague mourant au pied de la dune, au souffle de la rafale bouillonnant au travers de la chevelure des lataniers et des palmistes dont la tête appartient encore moins à la terre qu'aux cieux.

Si je ne me trompe, Carvalho est enfant de Maurice, cette île parfumée où j'ai vécu, de la vie horizontale, où l'ouragan m'a vomi sur la grève, où je me suis assoupi au chant de la mulâtresse parée de ses cachemires, de sa luxuriante chevelure et de son regard de comète.

Le chant de Carvalho a quelque chose de créole. Étonnez-vous, après cela, si je l'applaudis avec tant de plaisir!

Mme BLANCHARD. Elle n'est point ambitieuse, et c'est pour cela qu'on la place toujours en avant du poste que sa modestie lui assigne. Madame Blanchard est presque indispensable à l'Opéra-Comique.

WERTEIMBERT. — Contralto sonore, retentissant; excellente école, indispensable pensionnaire, et, de plus, fille de bonne maison.

Mlle FAVEL. C'est un acte de raison d'avoir débuté dans *la Folle;* et mademoiselle Favel, dont la voix est vibrante et pleine, nous a montré à son premier essai une comédienne intelligente à qui la rampe a laissé tous ses moyens. *Nina* est un opéra bien vieux pour nous; Dalayrac a tort à côté d'Auber et d'Halévy, et mademoiselle Favel, que le succès justifie pourtant, aurait dû peut-être se montrer plus courtoise envers nos illustrations contemporaines. Qu'on ne médise plus du Conservatoire: mademoiselle Favel en arrive. Qu'elle soit la bienvenue: nous aimons le drame, surtout quand il est chaudement interprété.

Mlle CAROLINE DUPREZ. Vous connaissez le maître, voici l'élève; elle phrase comme lui, elle prononce comme lui, elle chante comme lui; mais elle est bien plus jolie que lui.

Rien n'est suave comme la suavité de Caroline, rien n'est gracieux comme la grâce de Caroline; il y a là une candeur angélique, et pourtant lorsqu'elle a besoin d'énergie, elle en trouve, et jette au dehors les passions les plus fougueuses... Viennent les rôles médiocres, Caroline Duprez les rendra excellents.

Ai-je tout vu? ai-je tout dit? Pour m'en assurer, je vais quêter, au bénéfice d'un ami, une place à l'administration. Mais l'homme de lettres, l'homme de mérite chargé de la distribution des faveurs, est si difficile, si serré, — j'allais écrire si sauvage, — qu'au lieu d'une place il vous en donne deux, quand son devoir le lui permet... Denis, je vous presse cordialement la main. — Merci!

TILMANT. Vous connaissez la puissance de son archet. Mon éloge n'ajouterait rien à ce qu'on dit de lui dans le monde savant, dans le pays des Auber, des Halévy, des Adam, des Thomas, des David, admirable pléiade illuminant l'univers de mélodies, où nous trouvons l'oubli de nos douleurs physiques et une consolation à nos douleurs morales.

ODÉON.

C'est un théâtre royal, impérial, national, comme vous voudrez; c'est un monument régulier, bien ordonné, digne de son but... Hélas! il est bâti sur des catacombes.

Que de gloires ont passé par là! que d'illustrations s'y sont éteintes! Ma mémoire se fatigue à les recueillir; aussi j'aime mieux vous parler du présent que du passé dont le souvenir jetterait le deuil dans mon âme.

Altaroche trône aujourd'hui; Altaroche, c'est à dire l'homme-charivari, l'homme-épigramme, l'homme aux coups de lancette, mais qui, répudiant ses jours éteints, se consacre tout entier à la prospérité du temple confié à son intelligence... Que les vents lui soient favorables!

Le foyer des acteurs est élégant et simple à la fois; il est digne du théâtre; et les artistes, ainsi que les auteurs qui le visitent, s'y conduisent en gens de bonne maison.

Qui donc vient de me serrer la main? Un homme que tout le monde aime, que tout le monde estime, parcequ'il a de la probité, parcequ'il a du mérite.

TISSERANT. Je ne croyais pas te trouver ici à mon retour de San-Francisco; mais tu es de ceux qu'on revoit toujours et partout avec plaisir, alors qu'on aime les cœurs d'élite, les têtes intelligentes, les hommes d'esprit :

> En un jour de dépit Montigny s'en sépare;
> Hélas! qui d'entre nous ne fit point de faux pas!
> En un jour de soleil l'Odéon s'en empare....
> Voyez, on rit ici quand on pleure là-bas.

PIERRON. Il est comédien ; il manie la plume comme la parole ; il a de la verve, de l'entrain, et vous le devinez, vous le savez par cœur en lisant ses feuilletons pleins de sève et d'originalité. Vous seriez coupable, ami, de vous arrêter en si beau chemin ; nous vous attendons à une œuvre de longue haleine ; vous êtes de ceux qui soumettent les difficultés.

Mlle LAURENTINE-LÉON. Vous rappelez-vous, gracieuse, le jour où vous me fûtes présentée pour la première fois chez une femme poète, aujourd'hui aveugle comme moi ? Vous n'étiez plus petite fille, vous n'étiez pas encore demoiselle ; vous dîtes de la prose, des vers, vous rossignolâtes quelques couplets, comme l'eût fait Déjazet en ses plus beaux moments : j'étais enivré.

— Avez-vous de ça ? vous demandai-je.

— Oui.

— Et de ça ?

— Oui, cela pousse.

— Alors, soyez comédienne.

La chose est accomplie, et la soubrette, qui a de ça plus qu'alors, s'est fait un nom qui restera.

> De l'esprit à plein bord, une allure mutine,
> De l'aisance, du goût, de la grâce, du tact,
> Toute chose qu'on aime, à l'œil comme au contact....
> J'ai nommé Laurentine.

TÉTART. Il a du mordant ; il en jette dans ses rôles ; il en saupoudre ses saillies ; il en prête aux auteurs qui en manquent, et il lui en reste toujours. Rothschild est inépuisable.

Mme GRASSAU. Elle avance dans la vie avec toute la verdeur de la jeunesse ; il y a des charpentes que le frottement du temps a bien de la peine à ébrécher, et Mme Grassau entre à peine dans l'âge mûr : son talent seul a des chevrons.

BOUCHET. C'est un premier rôle dans toute l'acception du mot, c'est une réputation faite et méritée, c'est une des plus solides colonnes du temple dont Altaroche est le grand prêtre.

ROGER. On l'appelle financier. J'ignore si son coffre est plein, mais je sais qu'il a de l'entrain à vous en vendre, si vous n'en avez pas, et qu'il dit en homme taillé sur les meilleurs modèles.

HARVILLE. Ne raisonnez pas avec ce raisonneur si

vous voulez avoir raison : vous succomberiez à la peine... Harville lorgne la Comédie-Française par le côté qui rapproche.

BOUDEVILLE. Il n'est ni de l'école de Samson, ni de celle de Régnier, ni de celle de Monrose : il est de la sienne, et elle en vaut bien d'autres, je vous assure... Les comiques de sa trempe ne pavent point les rues.

NÉROUD. Il n'a pas trente ans, et le voilà déjà cité parmi les jeunes premiers qui sont plus qu'une espérance. Je vois d'ici la place qu'il doit occuper dans un court avenir ; ma prophétie est un fait accompli.

MARTEL. Double-t-il Néroud ? je ne crois pas; si cela était, ce serait une doublure qui aurait le prix de l'étoffe. Altaroche choisit bien ses soldats.

Mme ROGER-SOLIÉ. Je suis bien certain que cette première amoureuse n'en est pas à son premier amoureux, et qu'elle en a déjà désespéré quelques demi-douzaines : la finesse, l'esprit et les manières accortes obtiennent toujours ce résultat... Tant pis pour qui s'y frotte : prudence est mère de sûreté, tenons-nous à l'écart.

Mlle JEANNE-ANAIS. Ce n'est pas l'Anaïs de la Comédie-Française, rien ne vous dit qu'elle ne le sera pas un jour; c'est pétillant comme du champagne.

Mlle BILHAUT. C'est ainsi qu'on nomme la première soubrette du lieu ; c'est ainsi qu'on écrit son nom. Courez vite sur ces cinq lettres *l*, *h*, *a*, *u*, *t*; elles seraient un mensonge, car cette danse excentrique ne va point aux allures de la charmante comédienne que nous tenons sous la plume.

Mmes BOUDEVILLE.— RESTOUT. Ces deux premiers rôles n'usurpent pas leur emploi : il leur appartient par droit de conquête, et bien téméraire serait celle qui viendrait le leur disputer. Je compte les remercier un jour de ce qu'elles feront pour moi, et d'avance je me dis leur débiteur le plus dévoué.

THÉATRE LYRIQUE.

Le frère remplace le frère comme directeur, il lui succède dans notre affection, dans notre estime, dans nos vœux.

Sa troupe est belle, nous dit-on; viennent les débuts nous serons là pour constater les triomphes.

Voici quelques noms déjà connus, les autres les suivront de près.

RIBES. On dirait que le coquin y a vu; comme chanteur, comme comédien, Ribes devait occuper une des premières places dans notre nomenclature; et si vous avez entendu cette voix de baryton bien timbrée, cette accentuation bien nette, vous direz comme moi : Salut à l'un des meilleurs barytons de la capitale !

Mlle DUEZ. J'aurais pu, trichant le destin et par galanterie, ouvrir la première page de mon cahier à mademoiselle Duez; mais que voulez-vous? je suis fidèle à mon mandat, je me soumets au sort qui dicte des arrêts, et ce ne sont pas toujours les derniers venus qui brillent le moins dans mon livre. Je crains d'aller trop loin.

On peut, sans qu'on la flatte,
Suivre en tous lieux ses pas;
Mais un défaut la gâte....
C'est qu'elle n'en a pas.

Mme VADE-BIBRE. Si je connaissais dans les théâtres chantants de Paris une meilleure duègne, je vous le dirais hardiment, malgré ma vieille amitié pour mon ancienne pensionnaire. Madame Vade a de l'ampleur, de l'entrain, de la voix; elle connaît les planches, la rampe ne l'éblouit point et le public ne lui fait pas peur, parcequ'elle sait à merveille qu'au sein de ce public qui écoute la parole des connaisseurs est entendue et fait foi.

MICHEL. Michel a débuté dans *Mosquita;* il devait être accueilli, il devait être fêté, pour peu que le parterre fût équitable, pour peu que les loges fussent endimanchées de femmes de goût.

NEVEU. Je voudrais être l'oncle de ce Neveu, tant il est amusant, vrai, sans façon et d'allures joyeuses. C'est à lui de me prouver, en venant me serrer la main, qu'il se reflète de sa gaieté... J'attends.

Mlle VADÉ. Grande et jeune fille que j'ai pralinée et claquée sur toutes les joues, alors qu'elle marchait à peine dans la vie. Elle a de bonnes manières, elle est bien élevée, et ses caprices, elle les doit peut-être à cette ardeur d'avancement qui la domine. Priez M. Seveste de me tendre une main amicale, et je vous promets, moi, une création où vous pourrez faire apprécier votre joli timbre et la pureté de vos notes aiguës.... Au surplus, mettez vos gants, j'ai peur de vos ongles.

MENJAUD. Voici un nom qui impose ; la Comédie-Française n'oubliera jamais le père, le Théâtre lyrique n'oubliera pas le fils dont les progrès se font sentir chaque jour.

PHILIPPE. Félicien David qui chante sur tous les tons, qui rappelle toutes les zones, qui caresse toutes les cordes de l'âme, qui pénètre par tous les pores, qui nous berce à toutes les harmonies, qui m'a fait verser des larmes, à moi, pauvre aveugle, dans le lever du soleil du *Désert*; David, l'une de nos plus belles gloires, n'avait garde d'oublier Philippe dès qu'il s'est agi de monter la *Perle du Brésil*. Il fallait une voix suave et sympathique, une remarquable facilité d'exécution.,. Philippe était là, David s'en est emparé ; le public a battu des mains. A chacun sa part.

LEROY. J'aime mieux ce nom-là tout entier que coupé en deux par l'article... Que voulez-vous? je suis républicain. L'artiste Leroy m'amuse, comme il amuse tout le monde ; il me plaît, et il plaît à tous, parcequ'il est comédien sans charge, sans parade, et d'une excentricité qui rappelle les meilleurs temps de l'Opéra-Comique.

DELAURENCE. Il est allé d'une troupe à une autre ; je ne sais comment il a gagné ses galons dans son régiment, je sais comment il les a conquis dans l'armée du général Seveste... A bientôt les épaulettes, si le mérite seul monte en grade.

GRIGNON PÈRE ET FILS. Je souhaite au fils les précieuses qualités du père. C'était alors un de ces talents d'élite que se disputaient les grandes villes de province, et que la capitale garda pour elle plus tard. Les années ont agi sur Grignon comme sur nous ; mais les comédiens nouveaux ne trouveraient nulle part un guide plus sûr, un maître plus bienveillant, des paroles plus paternelles. Vous verrez qu'on dira du fils, dans l'avenir, ce que nous disons aujourd'hui du père : Bon sang ne peut mentir.

SOYER. Les mots *ténor* et *comique* semblent se combattre et s'exclure. Soyer semble donner un démenti à cette vérité de presque tous les théâtres, et je ne sache pas qu'on soit plus plaisant sans charges et meilleur chanteur sans prétentions. Brava, bravo, bravi, à Soyer qui m'amuse et me charme tout à la fois ; bravi, brava, bravo à la direction qui tire parti de ce précieux talent.

Mlle ROUVROY. Elle n'est pas descendue pour venir de l'Opéra-Comique au Théâtre-Lyrique : elle l'a élevé jusqu'à elle.

Mme GUICHARD. Lorsqu'un *coup d'air* ne l'éloigne pas de la scène, nous applaudissons de nos deux mains à la verve et à l'entrain de cette égrillade soubrette qui connaît ses planches comme le gamin son trottoir, comme le titi son Saint-Ernest, comme la coquette son miroir. Mademoiselle Guichard est ma comédienne, à moi.

Mlle PETIPAS. On répète autour de moi que c'est une charmante personne ; si elle chante comme son homonyme danse, elle montera haut, avec ou sans calembour.

BIÉVAL. — LEROY. — DUMONTHIER. Au diable les exigences du prote qui me dit n'avoir plus que très peu d'espace à me donner pour achever mon esquisse sur le Théâtre-Lyrique ! Ces trois artistes pourtant avaient droit à une mention particulière ; nos regrets font leur éloge, et, dans *les Visitandines*, ils ont si bien interprété la prose de Picard et la musique de Devienne qu'on leur doit la plus belle part du succès.

VAUDEVILLE.

On dirait que tous les théâtres de Paris se sont donné le mot pour tailler en véritables souterrains sombres et sales les entrées des artistes. Le Vaudeville est fidèle à la règle, et les hommes de bon goût dirigeant aujourd'hui la maison feraient bien, ce me semble, d'éclairer ce mauvais passage qui, de la rue des Filles-Saint-Thomas, conduit au foyer.

Vous y êtes : il n'est pas beau, il n'est pas élégant; et le piano très peu d'Erard qui le *décore* n'ajoute guère à sa somptuosité.

N'importe, les artistes sont là pour rire, batifoler et jeter au dehors leur verve et leurs quolibets... Il y a peu de foyers aussi gais que celui-ci.

Place pour le défilé!

FÉLIX. Le couplet se chante, vous n'en perdez pas une syllabe; un mot est lancé, il produit son effet, il atteint le but. Les auteurs disent à Félix : Voici un demi-rôle, achevez-le... et le rôle se complète, et les mots portent, et la salle bat des mains.

Je savais bien ce que je faisais quand je disais à Félix, mon pensionnaire à Rouen, que sa place était à Paris ; et pourtant je lui adresse un reproche dont je veux qu'il se corrige :

> Je t'ai connu, vaurien, au pays de Corneille,
> Où l'on aima toujours les hommes comme il faut.
> A mes yeux, cher Félix, tu n'as qu'un seul défaut :
> Tu portes trop souvent ton chapeau sur l'oreille.

Ami, redresse ton feutre; il te donne l'air d'un mauvais sujet, et tu es si sage, si sage, si sage, que j'ai peur de te voir viser de l'œil un couvent.... de nonnes.

FECHTER. Est-il vrai que tu sois un des plus beaux garçons de Paris? Bien des femmes le disent; moi j'assure que tu es un de nos comédiens les plus distingués, et je n'ai pas de contradicteur.

Il est si gentil, si coquet,
Si pétillant dans son caquet
Que chacun à l'envi le caresse et le flatte :
Comment un pareil chat manquerait-il de chatte ?

Heureusement pour toi, Lovelace, que madame Fechter ne lira pas ce livre!

RENÉ LUGUET. Gare la fusée! gare le pétard! gare le boulet! gare la bombe!... Luguet est un arsenal, et pourtant il ne blesse personne; au contraire, il amuse, il occupe, il plaît, il fait rire comme un feu d'artifice.

DELANNOY. Celui-ci n'est jamais satisfait que lorsqu'il ajoute quelque chose du sien à l'esprit de l'auteur. Ce n'est pas de la charge, gardez-vous de le croire, mais c'est presque de l'exagération. Et le coquin sait à merveille qu'il faut frapper plus souvent fort que juste. Delannoy ravive le public blasé : c'est là une précieuse qualité que bien d'autres lui envient.

Et puis, Delannoy chante le vaudeville comme on doit le chanter quand on a du tact et de la voix.

Mme DOCHE. Salut, salut encore, puisque te revoilà belle et florissante après de coupables émigrations! Oui, coupables, je me répète : pourquoi quitter ceux qui nous aiment, ceux qui nous couvrent de fleurs?

Le papillon se repose aussi : n'agite donc plus tes ailes diaprées, et reste-nous.

Toi qu'on fit si gentille
Et dont l'esprit pétille
En reflets si joyeux,
Attiédis donc ta flamme,
Ne brûle plus notre âme
A l'éclair de tes yeux ;
Joue avec la trentaine,
Ris avec nos douleurs ;
Oui, mais la quarantaine
Est la saison des pleurs.

Encore trois lustres, sémillante Eugénie, et la quarantaine sonnera à ta porte... Barricade-la, puisque ton frais duvet, ton doux sourire et ton gai printemps sont tes compagnons de voyage.

Ces enchanteurs Dumas n'en font pas d'autre : ils se dressent en piédestal, et ils placent les amis à leur côté. *La Dame aux Camélias* nous a révélé Mme Doche. *La flamme active la flamme; Eugénie nous dit Dorval.*

Mlle OCTAVE. Sept notes, c'est une octave; celle-ci, celle dont je parle, en a pour toutes les passions du cœur : coquetterie, grâce, finesse... J'allais en trouver d'autres qui effleureraient l'épiderme de la belle comédienne... Taisons-nous, et écoutons : prudence, c'est sagesse.

Mlle CAROLINE BADER. Absente, nous ne l'avons pas oubliée; présente, nous la fêtons, nous la caressons, nous lui jetons des bouquets; c'est qu'elle a de l'entrain, de la joyeuseté, de la rondeur, et là, sur la poitrine, deux charmantes choses qui appellent et repoussent en même temps. Mlle Caroline Bader chante le couplet à merveille; qu'elle soit la bienvenue !

AMBROISE. Vous ne comprendriez pas le genre vrai si vous n'aimiez pas Ambroise, qui est comédien des pieds à la tête et qui chante le couplet à ravir. Oh! si Ambroise voulait se charger d'un des rôles de mes pièces! Pourquoi pas, puisqu'elles ont tant besoin d'appui et que le comédien d'élite consolide tout ce qu'il touche.

GIL-PÉRÈS. Vieille jeune ganache que tu es! Qu'elle est bééééelle cette fâââââââmme! Ta réputation est faite. Dis-moi, Pérès, aimes-tu les dos blancs, les dos noirs, ou les *dos bruns?*

J'aime ceux que tu aimes. Nous sommes deux hommes de goût.

LÉONCE. Il se place, il se campe, il se pose, il est le bienvenu de ceux-ci et de celles-là ; le coquin est accapareur.

TOURTOIS. Pourquoi Bouffé ne l'aurait-il pas engagé, puisque les connaisseurs le lui avaient montré du doigt? Lorsqu'on veut un solide édifice, on le pétrit d'excellents matériaux.

ANDRÉ HOFFMANN. Je te tiens maintenant sous ma plume à Paris, et, par malheur, je t'aime ici comme là-bas.

On succède à Hoffmann, on ne le remplace pas; l'oublier est impossible.

Cependant, faquin, tu as tort de courir ainsi le monde: il faut planter sa tente où la brise nous caresse, où le ruisseau gazouille, où les fleurs s'épanouissent, où les amis nous pressent la main. Reste-nous désormais, ou je biffe ces lignes, dans esquelles je te proclame un acteur d'élite, le créateur d'un genre; tu es prévenu, tâche de te faire absoudre.

FORMOSE. Il y a de l'excentricité chez ce comédien, qui pense que les couleurs vives conviennent seules au théâtre.

BALLARD. Bouchez-vous les oreilles, si vous avez peur du calembour ; ouvrez-les si vous aimez la jovialité, le franc rire, le joyeux quolibet : les coulisses mourront, mais jamais Ballard.

LAGRANGE. Encore un amoureux! on n'en finit pas avec les acteurs secondaires de cet emploi; celui-ci serait plus apprécié s'il était pincé un peu moins! On se corrige aisément de ce petit défaut.

HIPPOLYTE. C'est le grand administrateur du théâtre, c'est le metteur en scène, et vous savez comment les pièces sont montées. Hippolyte ne joue guère ; je me trompe: le double six et le double blanc occupent ses loisirs... Je vous défie de ne pas aimer un peu Hippolyte si vous l'avez connu un peu, et je vous défie de ne pas l'aimer beaucoup si vous l'avez connu davantage.

CLARY.

Elle est vive et bien faite,
On le voit :
Elle est fraîche et coquette,
On le voit ;
Elle a des lèvres roses,
On les voit;
Et d'autres belles choses :
Qui les voit ?

On l'appelle Tata, petit nom tout amical, tout joyeux, tout enfantin, qui respire la tartine beurrée, qui embaume la praline a deux lieues à la ronde.

Elle a des yeux de feu qui brûleraient une âme,
Des lèvres à damner les saints du paradis,
Un torse rondelet que dix doigts emprisonnent
Et des dents d'un blanc mat dont l'ivoire est jaloux.

Vous voyez qu'en parlant de cette jeune fille on n'a ni rime niraison.

Mlle SAINT-MARC. Voici une jeune fille toute poétique, comme on en rêve sous les palmiers, dans les cases tropicales, pendant les nuits orageuses, au bruit de la mandoline, dans les gondoles de Venise, sous un ciel étoilé.

> Là-bas c'est un lieu saint où l'homme à deux genoux
> Fait monter l'oraison vers le Dieu qui pardonne ;
> Là-bas l'être clément, ici, tout près de nous,
> La femme aux yeux d'azur, la touchante madone.

Je te préviens, Saint-Marc, que je suis dévot comme un cénobite.

ASTRUC. Nous nous connaissons de longue date, et c'est pour cela que je peux vous parler savamment de cette comédienne de mérite, qui a mieux aimé se vieillir à l'aide de rides factices que d'attendre celles qui nous sont infligées à tous par les années et les chagrins. Peu de duègnes, à Paris, peuvent rivaliser avec madame Astruc.

MATHILDE PAYRE. Bonjour, bonsoir, bonne nuit à l'excellente personne, à l'actrice de bon ton, à la comédienne qui a pris son art au sérieux, et que nous aimons pour toutes les qualités du cœur et des talents réunis.

Mme FECHTER. Achille, sous sa tente, laissait l'armée des Grecs en péril ; madame Fechter, loin de la coulisse, fait brèche au théâtre, et nous l'y appelons de nos vœux les plus fervents. Belle femme, diction pure et nette, organe sympathique, comédie et drame à la fois, voilà madame Fechter, que nous attendons dans une création au niveau de son talent si distingué... Scribe et Bayard, taillez vos plumes.

Nous l'avons si souvent applaudie que nos mains applaudissent encore de souvenir, et madame Fechter ne nous doit point de gratitude pour cela : c'est nous qui sommes ses débiteurs.

> Tes lieux chers étaient ceux où trône Melpomène,
> Et, lorsque de Momus tu viens subir la loi,
> Ton pied ne descend pas sur la joyeuse scène ;
> Tu la fais monter jusqu'à toi.

CLORINDE. Elle est svelte, gracieuse, coquette, joyeuse : un seul rôle l'a posée comédienne ; c'est une servante maîtresse. Les sabots lui vont bien ; n'importe, je la voudrais sans sabots, sans chapeau, sans gants, sans bavolet, sans guimpe.... Je ne sais pas trop comment je la voudrais.

VARIÉTÉS.

Ni grand, ni petit, ni trop brillant, ni trop modeste. Banquettes assez souples, salle propre et régulière, où ont trôné puissants les *Potier*, les *Brunet*, les *Tiercelin*, les *Gavaudan*, les *Vernet*, les *Bouffé*, les *Élomire*, les *Cuizot*, les *Pauline*, dont le souvenir vivra longtemps dans la mémoire et le cœur de ceux qui aiment les grands talents, les nobles caractères, a grâce, l'esprit, la délicatesse.

Le buste de *Potier* orne ce foyer; les nouveaux venus seuls e saluent avec respect. Rien ne mène à l'indifférence comme 'habitude.

Vous qui passez devant ce buste
Au front si radieux,
Inclinez-vous comme le fait l'arbuste
Auprès du peuplier dont la tête est aux cieux.

Mettons la main dans l'urne, et lisons les bulletins.

Mlle PAGE.

Hier dans le foyer j'écoutais ta parole,
Qu'on aime et qu'on bénit, qui charme et qui console.
J'étais à peine à quelques pas;
Mais ce regard si pur, ces lèvres si vermeilles,
Ce front si radieux et mille autres merveilles
Que je rêvais tout bas,
Plains-moi, ma belle enfant, je ne les voyais pas.

Cette toute ravissante personne joue le drame et le rire avec un égal succès; et bien des pièces, grâce à elle, ont traversé sans naufrage l'heure de la tempête.

La Russie nous l'avait volée, la Russie nous l'a rendue; j'ai déjà dit quelque part que le czar n'avait pas le sens commun... Se priver volontiers de la plus brillante *Page* de notre histoire!... On n'est pas plus Moscovite que ça.

Il y a, vous le savez, de fort jolies figures qui ne plaisent pas à de certaines personnes d'un goût épuré. Eh bien! mademoiselle Page n'est point de ce nombre, et chacun s'écrie dès qu'elle se montre : *Dieu! quelle tête ravissante?*

Si, dans le silence, mademoiselle Page fait la conquête des plus tièdes, des plus difficiles et des plus capricieux, qu'est-ce donc quand elle a parlé? Rien n'est plus doux et plus caressant que son organe, rien n'est plus dominateur que sa parole, et le cœur se laisse doucement bercer à cette musique, comme aux plus heureuses mélodies des Schubert, des David, des Auber et des Boïeldieu, d'harmonieuse mémoire.

Pardon, Madeleine; pardon, Luther, Figeac, Pauline, Decroix, Fix, Cico, Judith, Rimblot, Marthe, Tata; mais je me fais ici l'écho de la foule, qui proclame mademoiselle Page la plus jolie actrice de Paris; moi je soutiens qu'elle est une des meilleures.

BOISGONTIER.

Elle dit le mot cru si naturellement,
Si franchement, si crânement ;
Elle cache si bien ce qu'il offre de touche,
Qu'on irait volontiers le chercher sur sa louche.

On rit à voir Boisgontier, on rit à l'entendre; puis on sort en disant: Je suis sûr que c'est une bonne fille.

PÉREY.

Il amuse, chacun le dit,
Avec son air niais et sa drôle de tête ;
Le coquin doit avoir, certes, beaucoup d'esprit
Pour se montrer si bête.

Si mon quatrain n'exprime pas toute ma pensée, s'il ne di pas que Pérey est un comédien par excellence, j'ai manqué mon but.

Mlle OZY. Va pour elle! la voilà lancée, gare dessous! La fusée est partie, on la suit de l'œil, on l'applaudit des mains...

Oh! garde ta cambrure,
Ta coquette figure,
Et ta vive encolure,
Ainsi qu'il nous en faut;
On te dit fort rieuse,
Assez peu langoureuse,
Et très aventureuse:
Tant mieux; peut-on aimer qui n'a point de défaut?

J'écris ceci le 19 janvier 1852; à dater d'hier tu as grandi de vingt coudées, et madame Jolibois est toute une révélation.

NUMA. Je ne crois pas qu'il date de la fondation de Rome;

son Egérie à lui c'est le public, qui ne l'encourage plus, mais qui bat des mains à chacune de ses créations. Les ennemis de Numa disent qu'il est monotone... Je suis de leur avis, c'est la monotonie du bien.

NESTOR. Après Rome la Grèce; notez que je n'écris pas la *graisse*, il y aurait mensonge. Si les bravos gonflaient, Nestor serait rond comme une barrique, on ferait cercle autour de lui.

CLARISSE. Je lui ai vu jouer le vaudeville et le drame, j'ai ri et pleuré à ses ordres ; si elle chante, j'écoute; je n'ai que la moitié de votre bonheur... vous la voyez.

GABRIELLE. C'est moi qui vous ai baptisé de ce nom raphaélique, le méritez-vous? Je ne vous dis pas de conduire les enfants à la promenade, mais soyez *bonne*; l'affection vaut mieux que les applaudissements. Savez-vous pourquoi je vous donne ce conseil? parceque je vous aime et que je voudrais que vos camarades fissent comme moi... Tiens, tiens, vous écoutez ma parole, je vous en félicite pour vous et pour moi.

ESTHER. Elle dit finement, elle chante avec goût, elle a de l'entrain, elle double les premiers rôles; public et auteurs s'en réjouissent.

PAULINE POTEL. Ah! sacrebleu! ah! sarpejeu! ah! palsembleu! c'est du champagne, c'est une fusée, c'est de la gentillesse, c'est de l'espiéglerie, c'est de l'esprit, je ne sais pas qui en a plus, j'en sais énormément qui en ont moins et qui gagnent de gros appointements. Pauline Potel vaut cent fois plus qu'elle ne pèse... Combien pèse-t-elle? je tiens à m'en assurer.

De nous fuir, mon enfant, ne sois jamais tentée ;
Tu nous verrais bientôt suivre en tous lieux tes pas :
De nous tous qui t'aimons, Pauline, n'es-tu pas
L'enfant gâtée?

Merci du succès que je te dois; nulle part Rose à coup sûr n'aurait trouvé une plus piquante interprète.

ANAIS GERSON. Elle n'y est pas, elly y sera; vous ne battez pas encore des mains, vous l'applaudirez plus tard. C'est gracieux, coquet, plein d'élégance; cela sent la bonne maison, cela fait doucement rêver, sa parole est une musique, sa musique une mélodie.

ARNAL. Arnal entre; c'est Arnal! Il vient de désopiler la rate du public; on rit de souvenir.

Arnal, disent quelques médisants, est un mauvais coucheur; eh bien! corbleu! n'allez pas coucher avec lui; qui vous y force, messieurs? Ah! pardon, c'est *mesdames* que je voulais dire. Quand Arnal joue, recette double; quand il se repose, il y a un peu de vide dans la salle.

Duvert et Lausanne, Lockroy, Bayard, Varin, Arnal, voilà une fortune, en voilà deux, en voilà dix à l'épreuve des jeux de bourse et des jeux de révolution, bien autrement périlleux ou stupides.

Il était jeune encore, il débutait à peine;
Potier lorgnait Arnal, qui ne répondait rien,
Quand tout à coup le maître de la scène
S'écria : Cet Arnal est un vrai comédien !

Potier prophétisait.

Mlle VIRGINIE DUCLAY.

Elle saute, elle rit, elle pleure, elle chante;
C'est un sylphe, un zéphyr, un bon ange, un lutin,
Un papillon à peine éclos dès le matin,
Et cependant partout on dit qu'elle *aime et chante.*

Eh bien! non elle ne l'est pas, et mon calembour ne vaut pas le diable... Que mademoiselle Duclay me le pardonne!

CACHARDY. Tu m'appartenais à Rouen, tu es encore mon homme à Paris : si ce n'était par amitié, ce serait par reconnaissance, puisque ton premier début au Gymnase a eu lieu dans une pièce de moi, qui avait besoin d'appui... Merci, vaurien!

DANTERNY. De la verdeur, de l'entrain, une fougue toute méridionale, et une excellente façon de phraser le couplet, voilà l'esquisse; le portrait, c'est à vous de l'achever.

HENRY ALIX. Nouveau venu, je me trompe, nouveau bienvenu, et le directeur maraudeur de ce théâtre fait à la sourdine des coups de main qui assurent sa fortune.

MUTÉE. Il n'est pas drôle, il est très drôle; il n'est pas amusant, il est très amusant. Moi qui dissèque l'artiste, j'ai besoin de plus d'un superlatif pour écrire ce qu'il vaut, pour dire combien il est apprécié.

MOREAU-SAINTI. Le père, la mère, le fils, remarquable trinité; celui-ci chante avec goût, phrase admirablement le couplet, et fera parler de lui... La prophétie ne me coûte guère.

Mlle CÉLESTE. A ce nom à peu près inconnu j'en pourrais ajouter un sonore, retentissant, celui de Mogador; mais quelque esprit de travers me dirait; *c'est leste*, et je veux lui épargner un ridicule.

JEAULT. Tant de lettres pour une syllabe! que notre langue est absurde! Servons-nous-en toutefois pour dire que *Jo* n'est déplacé nulle part, à moins qu'on ne lui donne un rôle d'amoureux ou de duègne.

KOPP. C'est un nom étranger, c'est un comique de tous les pays, et ses charges sont toujours de bon goût: j'aime Kopp. Je ne connais pas de meilleur valet que lui; il grandit tous les jours.

NANTEUIL. Il fallait compléter la troupe: on voulait la mettre au niveau des meilleures de la capitale, et l'on fit l'acquisition de Nanteuil, qui dit bien, chante avec âme et se pose à merveille.

LASSAGNE. Il nous arrive des Folies; quelle folie de l'y avoir laissé si longtemps! L'œil de M. Carpier a visé sa proie, et le directeur s'est enrichi bien plus qu'il ne le croyait tout d'abord, car il a fait capture à la fois d'un niais, d'un sot, d'un matois, d'un rusé, d'un ivrogne, d'un portier, d'un soldat, d'un Picard, d'un Normand, en un mot, d'un comédien multiple qui a planté sa tente aux *Variétés*, et que les Variétés ne donneront plus à personne.

CLARA FITZ-JAMES. Si je ne me trompe, j'ai usé le bout de ma canne au profit de cette comédienne lors de ses débuts à Latour-d'Auvergne J'ai cru reconnaître sa voix fraîche et bien timbrée, et il m'a semblé retrouver ses allures de soubrette accorte qui ont acquis de l'ampleur et de l'aisance... Vienne un joli rôle, et la critique taillera sa plume pour mademoiselle Fitz-James.

Mlle PÉLAGIE. Bonjour, Lyonnaise. C'est entre le Rhône et la Saône que vous vous êtes lancée sur la scène où vous naviguez en pleine eau. N'importe, vous êtes encore bien trop jeune pour les duègnes, et vous avez tant de sans-façon, que la jeunesse semble glisser puissante dans vos artères... Bonsoir, Lyonnaise.

DUFFAUT. En voici un qui souffle ; c'est le souffleur du lieu. Homme d'esprit et de tact, il souffle non seulement le mot, mais l'intention de l'auteur, et plus d'un comédien lui doit ce qu'on appelle dans les coulisses un *effet*. Je vous en prie, Duffaut, soyez là quand on jouera mes pièces.

LECLÈRE. Le sort, mon brave ami, t'a fait sortir un des derniers de l'urne ; le sort te réservait pour la bonne bouche, comme on dit dans le monde élégant et dans le monde bourgeois.

Ah ! c'est que les uns comme les autres te reconnaissent aujourd'hui acteur éminent, comique sans charge, aventureux parfois, toujours vrai, toujours communicatif, toujours inspiré.

A ton arrivée au Vaudeville, on doutait de toi ; tu n'as pas tardé à prouver qu'on avait tort, et que j'avais raison, moi ton directeur à Rouen, de te prédire le poste élevé que tu occupes aujourd'hui.

Tes succès, Leclère, ont retenti jusqu'à moi à travers les océans, et je t'applaudis de Taïti la parfumée et de Noukaïva la sauvage où Mohana, de hideuse mémoire, voulait faire du pauvre aveugle un repas du matin... Ai-je bien fait de ne point apaiser son appétit de cannibale ?

Quand je te fis venir du pays de la pomme,
De ce fruit dangereux par qui se damna l'homme,
Je savais bien, mon cher, qu'en t'appelant ici
Je verrais tout Paris me dire un jour : Merci !

FRÉDÉRICK LEMAITRE. Il vient de porter ici sa jeunesse de cinquante ans, sa virilité de vingt-quatre ; il va pleurer et rire en même temps ; il va émouvoir, étonner, subjuguer... Nous serons là pour l'enthousiasme.

En valet, en seigneur, en casaque, en manteau,
Armé de sa cravache ou bien de son couteau,
Dès qu'on le voit paraître
On écoute, on admire, on dit : Voici *Lemaître !*

BURGUY. Son début a été un succès, ses autres créations ont été des triomphes. Burguy chante le couplet d'une manière ravissante, il compose ses rôles, il prend son art au sérieux; je dis sérieusement toutes ces choses, on les répète autour de moi, et l'on ajoute qu'il est fort joli garçon.

AUGUSTE ET NARGEOT, CHEFS D'ORCHESTRE. Tous deux viennent souvent au foyer: le premier avec ses causeries charmantes, ses joyeuses anecdotes et ses façons d'homme bien élevé; tout le monde l'aime, tout le monde lui presse la main avec plaisir.

Le deuxième est imprégné de mélodies, et les motifs dont il enrichit le répertoire de son théâtre disent une éducation musicale au niveau de celles qui font les réputations. Que tardes-tu donc à accepter un poëme que l'Opéra-Comique accueillerait à coup sûr avec bonheur: ta musique lui servirait de passeport. Un peu de modestie, c'est bien; trop de méfiance, c'est mal... M. Nargeot doit oser, nous sommes sa caution.

MM. DE SAVIGNY ET BOULÉ. L'un est le distributeur des grâces du patron: c'est la bienveillance dans tout ce qu'elle a d'exquis, et je vous défie de lui garder rancune d'un refus. L'autre est le metteur en scène: adroit, intelligent comme les plus habiles, il seconde si bien les auteurs, qu'on pourrait le nommer, sans injustice, après chaque succès.

GYMNASE-DRAMATIQUE.

Il n'y a pas ici de foyer. Le lieu qu'on a pompeusement décoré de ce nom est un boyau, une gaîne, un tube, un corridor, un passage; c'est tout ce que vous voudrez, excepté un foyer.

On ne va pas là: on n'y trouve que quelques musiciens désœuvrés; on glisse, on tousse, on entre dans les coulisses: c'est fait.

Plaçons-nous à côté d'une des portes qui conduisent sur scène, et analysons messieurs et mesdames.

ROSE CHÉRI.

Aux accents de ta voix, et si pure et si tendre,
A cette voix du cœur dont elle est le miroir.
Dois-je accuser le ciel si je ne puis te voir,
Puisqu'il m'a permis de t'entendre ?

Que voulez-vous que je vous dise de cette gracieuse personne à l'organe si sympathique, à la parole si chatoyante, à la silhouette si harmonieuse? Je ne sache point de rôle auquel son intelligence supérieure n'ait prêté du cœur, de la naïveté, de la distinction.

Rose Chéri pleure comme la douleur, rit avec la joie, se fâche avec de la colère ou de la bouderie; elle est toujours vraie, elle est toujours elle. Etonnez-vous, après cela, de la puissance qu'elle exerce sur chacun de nous! Que de succès, que de triomphes, que d'ovations! Ma mémoire se fatigue à les recueillir.

J'écrivais ces choses-là il y a quelques mois; voici ce que j'écris aujourd'hui.

Rose ne joue pas la comédie, elle ne sait pas s'il y a là une rampe, un lustre, des loges, un théâtre, des coulisses et un souffleur; elle est chez elle dans un salon, dans une chambre, sous une allée ombreuse ; elle parle, et l'on écoute, et l'on ne veut pas perdre une seule des paroles qui tombent de ses lèvres, et l'on est tenté de siffler les applaudissements qui l'interrompent. Son organe est limpide et chatoyant, on dirait des gouttes d'eau sur un timbre de cristal, c'est de la mélodie.

Ecoutez l'*r* de Chéri; il ne vibre pas, il ne grasseie pas, il tient des deux : il caresse, il subjugue, et je ne connais que deux actrices dans nos théâtres qui puissent s'enorgueillir du même privilége, Madeleine et Page se doutent bien de qui je veux parler. Rose Chéri, je le répète, ne joue point la comédie; grande dame ou paysanne, coquette ou naïve, folle ou raisonnable, rusée ou ingénue, sous la soie, le velours ou l'indienne, elle est ce qu'on lui a dit d'être, ni plus ni moins; elle est parfaite, rien que cela.

Jamais baronne en sa grandesse
Ne parla plus insolemment,
Jamais novice en sa simplesse
Ne répondit plus humblement,
Ne marcha plus timidement,
Ne rêva plus dévotement.
Quand elle souffre, hélas ! vous souffrez avec elle;
Les larmes de ses yeux brûlent votre prunelle,
Et lorsqu'elle sourit avec sa joie au cœur,
Comme elle vous rêvez de joie et de bonheur.

ANNA CHÉRI. Voici la sœur de Rose. Pétulante, accorte, provocatrice, elle jette son bonnet par dessus les moulins. On ne l'aime pas seulement par ricochet, mais aussi parcequ'elle est tout d'une pièce et qu'elle chante le couplet à ravir.

BRESSANT. Le hasard s'est mis, cette fois, du côté de la royauté : salut à Bressant!

> Changeant comme un filou de traits, de frac, de lieu,
> D'organe, de manteau, de démarche, de geste,
> Il est si ravissant, il est si chaud, si leste,
> Qu'on le prend pour Faublas, Lauzun ou Richelieu.

Je ne sais pas, en vérité, pour qui on ne le prend pas, ce Cartouche de nos salons, ce Mandrin de nos théâtres!

Bien des femmes ont voulu garder leur cœur à l'égal de leur bourse : leur cœur a disparu.

Mais, généreux et prodigue, Bressant a rendu le bien volé, puis il est rentré dans sa caverne de bandit et s'est couché sur ses matelas bourrés des billets doux et des cheveux de ses victimes quotidiennes.

C'est que Bressant est le premier amoureux de Paris.

Il chante, il dit, il se pose, il gesticule avec une grâce, avec une aisance, avec un laisser-aller qu'on peut imiter sans doute, mais que personne ne surpassera.

MARGUERITE MACÉ.

> En elle le Gymnase a fait une trouvaille
> Dont il peut se vanter sans se montrer galant;
> C'est Jenny par la taille,
> Vertpré par le talent.

AUGUSTINE FIGEAC.

> Toi dont les yeux brillants font pâlir les étoiles
> Et qui ris de l'esclave à leur charme attaché,
> Tremble qu'un Dieu vengeur ne les couvre de voiles :
> On est souvent puni par où l'on a péché.

As-tu toujours des ongles aigus? As-tu toujours des dents acérées? Tout cela s'use au frottement, Bathilde; tout cela s'émousse au contact, Augustine. Aussi je suis sûr qu'il ne te reste maintenant que ton organe de bonne maison, ton sourire si provocateur, ta gracieuse tête si bien posée, ta charpente si harmonieuse. Je me trompe, tu es devenue comédienne, véritablement comédienne; car tu dis avec esprit, avec sentiment, avec rondeur, selon le besoin de tes rôles... J'avais prédit tout cela ; t'en souviens-tu ?

Mlle LEMERLE. Vous avez bien fait, charmante, de quitter la Comédie-Française pour le Gymnase. Là-bas vous étiez effacée par vos devancières, ici vous vous placerez au rang des meilleures dès que les auteurs penseront à vous, et je sais qu'ils y pensent déjà. Courage donc, un vent joyeux enfle votre voile, il y a au bout de tout cela le port, la fortune, le bonheur.

GEOFFROY.

Voici donc Mercadet, l'homme aux hardis procès,
L'intrépide faiseur qui jamais ne se lasse :
Au second Mercadet, mes amis, faites place !
Celui-ci n'est pourtant qu'un faiseur.... de succès.

On parlait beaucoup de Geoffroy avant *Mercadet;* on en parle davantage depuis le chef-d'œuvre de Balzac. Il a de l'entrain, de l'imprévu, de la verve à pleins bords ; sa réputation est devenue presque une renommée ; mais qu'il y prenne garde, s'il était toujours Mercadet, comme il l'est dans *Bettine*, ce serait une gloire sans rayon, un soleil sans clarté.

VILLARS. Villars est un brûleur ; il expédie ses rôles comme on expédie un billet de faire part ou un importun qui vient troubler un doux tête-à-tête. Il a tort, nous le voulons toujours près de nous.

DUPUIS. Il s'est fait petit à petit sa place ; le voilà maintenant touchant de la main les deux côtés de la scène et ne reculant point devant les clartés de la rampe... Les bravos du public servent à *Dupuis de dôme*... Abritez-vous, si vous le pouvez, contre de pareils calembours. La Comédie-Française le lorgne par le côté qui rapproche.

LANDROL. C'est le fils de la plus excellente ganache que nous ayons jamais eue. J'aimais beaucoup le père, j'estime beaucoup le fils.

PRISTON. Cet acteur se faufile entre Pérey et Boutin : il tient de tous deux ; il amuse, il fait rire. Vous verrez qu'on parlera de lui... On en parle, et beaucoup.

LESUEUR. Celui-ci n'a pas besoin d'efforts pour enlever les applaudissements ; il est soigneux avant tout, et vous ne le verrez jamais jouer sans jabot ou manchettes, si son goût lui dit qu'il faut des manchettes et un jabot. Lesueur est capable de s'attaquer à Regnard ou à Molière : qu'il l'essaie, et je parie beaucoup pour lui contre peu. Au surplus, il est si modeste, qu'il parierait peut-être contre : j'ai gagné.

LAFONTAINE. Si j'étais encore directeur de théâtre, j'embaucherais Lafontaine ; car j'aime l'acteur qui dit bien, qui chante bien, qui se met bien. Voilà bien des biens ; n'importe, puisqu'ils traduisent si bien ma pensée. Lafontaine depuis deux ans à un nom tout pailleté.

PERRIN. Il a vu l'Amérique, il nous est revenu. Retenons-le puisque nous aimons à presser la main d'un artiste de mérite, d'un homme de cœur et de probité.

Mlle MELANIE. C'est une vieille réputation bien acquise, bien méritée ; c'est un organe toujours jeune, une voix toujours vibrante.

Mlle RIQUIER. C'est un beau nom que celui-ci : toute une génération d'artistes l'a porté ; il est bien tenu par la pensionnaire de Montigny.

Mlle LUTHER.

Luther eut ses autels, son temple et son idole ;
Toi de qui le regard d'un feu céleste a lui,
Toi qui portes son nom, oh ! prêche comme lui,
Et, pécheur converti, sous ta loi je m'enrôle.

Arrêtons-nous un instant, et répétons ce qu'on dit autour de nous : un regard qui captive, une parole qui pénètre, un charme inouï dans ce profil de jeune fille qui n'aura jamais que seize ans. Peu de gestes, des mouvements de tête à donner le vertige, un timbre qui nous rend fiévreux... Et puis on laisse faire, et l'on rentre chez soi pour se reposer dans de douces pensées.

Mlle BAUDIN. Elle joue les bonnes, elle est bonne, très bonne. Je lui vote un tablier d'honneur.

M. ET Mme MONVAL. Ne séparons pas le couple uni, occupant à merveille sa place. Lui, c'est le régisseur par excellence, c'est l'administrateur intelligent, c'est l'homme aux bonnes manières que nous aimons dans la rue, au théâtre et dans son cabinet.

Mlle JUDITH FERREYRA. Le bouton ne tardera pas à éclore, puis viendra le parfum, l'harmonie, la couleur, et les papillons voltigeront autour de toutes ces richesses.

On tutoie mademoiselle Ferreyra, qui n'est pas encore demoiselle, mais qui n'est déjà plus petite fille. N'importe, ôtez-lui son cerceau.

Mlle RAMELLY. Elle vient de Montmartre ; elle a bien fait de franchir la barrière : on la refermera pour qu'elle ne s'en retourne point.

Mlle BERANGÈRE. La faculté est une sotte de ne pas guérir mademoiselle Berangère de ses maux de nerfs et de sa mélancolie. On la veut, on la désire, on la cherche, on ne la trouve pas, on ne l'entend pas, et l'on s'attriste.

BORDIER. Je plaindrais fort le maître qui se séparerait sans amertume de cet excellent domestique. Bordier a gagné ses chevrons.

MONTIGNY. Montigny plane là-dessus ; Montigny, qui a étudié les difficultés de la direction en homme qui sait les vaincre et qui a peut-être en main la fortune du théâtre et la sienne... Nos vœux l'accompagnent.

PALAIS-ROYAL.

Ne vous donnez pas la peine de le chercher, vous ne le trouveriez pas.

Douze personnes debout s'y tiennent à l'aise ; il y a là des banquettes qui datent de l'entrée des Israélites dans la terr promise, et sont d'une élasticité de moellon.

Tout le monde y va, comédiens et figurants, musiciens et chef de claque. Celui-ci est un homme d'intelligence qui vous dira le fort et le faible d'une pièce sans se tromper d'un iota; le maître de musique a doté le Vaudeville d'un grand nombre d'airs si jolis, si frais, si gracieux, que Touterel, Doche et Blanchard voudraient les avoir signés.

Voyons défiler l'héroïque phalange de Dormeuil, implantée là comme le Mont-Blanc sur sa base.

Et d'abord, pour arriver au sanctuaire, vous gravissez trois escaliers rapides en zigzag, et lorsque vous avez atteint le sommet, vous heurtez à gauche une porte ouvrant sur ce qu'on appelle la Régie.

Il y a de la place pour trois; quatre y étoufferaient, cinq y sont impossibles.

Place, messieurs! place, mesdames! l'armée défile au pas accéléré.

SAINVILLE.

Quand un fléau ronge une ville
Et promène sur elle un venin corrupteur,
Vous proposez souvent un habile docteur;
Moi, pour la dérider, je propose Sainville,
Qui peut faire la queue au barbier de Séville.

Il a ouvert le théâtre dans le prologue, et depuis lors il a marché grandissant, grandissant comme ces fleuves américains qui commencent en ruisseaux et finissent en Océan.

Je vous défie de ne pas rire si Sainville vous l'ordonne. Le nombre de pièces qu'il a soutenues, vous le trouverez dans le nombre d'actes qu'il a joués.

DERVAL. Pourquoi ce comédien d'élite est-il resté à ce petit théâtre? C'est qu'il est des affections qui vous tiennen, fortement au cœur. Je dois bien de la reconnaissance à Dervalt qui m'a gardé debout quand j'étais prêt à tomber. Bonjour, mon ami *Cléobule.*

LHÉRITIER. De quoi donc a-t-il hérité? De la verve, de l'entrain, du sans façon des acteurs qui connaissent leur terrain.

GRASSOT. C'est encore à moi que vous le devez. Il était mon pensionnaire à Rouen, où, certes, je l'aurais toujours gardé, si je n'avais quitté moi-même la direction des théâtres de la capitale normande.

Amis, voici Grassot,
Le Jovial apôtre.
— Comment ? lui *gras*, lui *sot* ?
Ah ! je vous jure bien qu'il n'est ni l'un ni l'autre.

RAVEL. Il a droit à un quatrain, il aurait droit à deux, à trois, si je voulais dire, à l'aide d'hémistiches et de rimes, ce que vaut ce comédien, qui ferait à lui seul la fortune d'un théâtre... Quel *Étourneau* que ce Ravel ! ! !

BRASSEUR. Levassor est parti, Brasseur est arrivé ; on se console de l'un par la présence de l'autre ; Brasseur fait mousser ses rôles avec ou sans calembours ; il dit bien, il chante comme il dit, et on le cherche alors même qu'il est dans la coulisse.

AMANT. Il a toujours été vieux, même à quinze ans ; je crois qu'il a joué les papas dans son berceau alors qu'il avalait de la bouillie. Amant est comique dans toute l'acception du mot, et ce qu'on m'a fait dire de lui dans la première édition de ce livre est une injure que je me hâte de biffer.

LACOURIÈRE. Mes lecteurs ne me pardonneraient pas de l'oublier ; ils savent qu'il ne fait jamais ombre au tableau, et qu'il se pose, quand il le veut, en première ligne... Lacourière veut souvent, presque toujours.

KALEKAIRE. Rien ne me serait plus aisé qu'un distique sur ce nom propre, que je pourrais opposer au granit et au quartz. Mais il faut parler sérieusement d'un acteur sérieux, et la facétie tombe d'elle-même.

HYACINTHE. Il a un grand nez, de grandes mains, de grands pieds, et il plaît malgré tout cela, ou peut-être même à cause de tout cela. Quant à moi, je n'hésiterais pas à confier à Hyacinthe un rôle de responsabilité ; tant d'autres s'en sont bien trouvés !

VALAIRE. Si ce comédien de mérite ne se fait pas plus souvent applaudir, c'est qu'on ne veut pas d'amoureux à ce théâtre, consacré tout entier au genre comique. Valaire n'est pas là véritablement à sa place.

PELLERIN. On en dit du bien autour de moi, je ne l'ai pas vu, je ne l'ai pas entendu ; je crois et j'écris.

ALINE DUVAL.

Vive et mutine comme un page,
Son esprit incisif ne connait point de frein.
De son beau livre d'or feuilletez chaque page,
C'est toujours le même refrain.

Mlle SCRIWANECK. J'aurais dû donner un démenti au hasard et tirer ce nom de l'urne à mon premier appel. Elle est gracieuse, svelte, coquette ; elle dit avec esprit, elle jette son regard bleu sur la foule, qui l'applaudit des mains et du cœur. La mère avait beaucoup de talent, la fille en a plus que la mère ; j'ai battu des mains à toutes les deux.

Mlle DURAND. Mes voisins me fatiguent les oreilles à force de me dire qu'elle est jolie ; mes voisines me fatiguent la pensée à force de me le répéter. Je sais, moi, que c'est une comédienne de goût, et que les écrivains de l'endroit ne se font pas faute de lui confier les rôles les plus délicats... Mon tour viendra peut-être.

Mlle PAULINE. Je ne suis pas toujours heureux dans mes visites à ce théâtre; j'ai souvent entendu faire l'éloge de Pauline, cette ravissante jeune fille, et je n'ai jamais pu le corroborer : mademoiselle ne jouait pas.

AZIMONT. Pristi, quelle jolie fille ! pristi, quelle gracieux talent! pristi, que vous êtes heureux de *la voir!* Je souligne ces deux derniers mots de peur que le prote n'en fasse qu'un seul, ce qui, du reste, ne changerait pas trop ma pensée.

Mlle DARCY. Je viendrais plus souvent visiter Coupart, si je savais que mademoiselle Darcy fît quelques poses à la Régie ; c'est un rendez-vous que je donne.

Mlle GALLOIS. Je vous la donne pour une franche commère; prenez-la, et dites-moi merci.

Klle KLEINE. Il y a loin du boulevard du crime au théâtre du Palais-Royal. Mademoiselle Kleine a franchi la distance, et Mouriez s'est mordu les lèvres au sourire de Coupart.

Mlle LAMBERT. J'en suis fâché pour vous, mademoiselle, mais vous êtes trop inconstante pour que je vous consacre autre chose que deux lignes. A quoi bon fuir les lieux où vous êtes aimée, où vous êtes fêtée, non pas seulement parceque vous êtes belle, mais encore parceque vous êtes une comédienne distinguée ?.... Vous voyez que je vous garde rancune.

Mlle CÉLINE MONTALANT. Le calembour serait trop facile, tout le monde l'a déjà fait : je ne veux pas être l'écho de tout le monde.

Léontine Fay enrichit le Gymnase alors qu'elle avait six ans à peine. Céline Montalant est fillette à enrichir tous les théâtres assez heureux pour se l'approprier... Ce n'est pas seulement une vocation, un éclair : c'est une révélation tout entière; Léontine revit en elle, Léontine nous est rendue avec toutes ses grâces, avec tout son entrain, avec toute son âme. Baissez la tête, regardez à vos pieds, afin de ne pas marcher sur le front de cette jeune merveille.

GAITÉ.

C'est sans doute parcequ'on craint l'irritabilité des caractères que les foyers des théâtres de Paris sont étriqués et peu commodes. Là s'allument les petites ambitions, le petites jalousies, les petites rancunes, et il y a sagesse, vous le voyez, à tenir à distance les personnages que le foyer semblerait tout d'abord devoir réunir. Diviser pour régner, c'est de la politique : tout directeur doit être diplomate.

Poursuivons notre tâche, rien n'est fait quand il reste quelque chose à faire.

Mme LAMBQUIN. Elle n'est là, cette comédienne d'élite, que parcequ'on a été maladroit quelque part; mais les Variétés viennent de s'en emparer, et bien certainement elles ne sont pas disposées à la céder à de plus heureux rivaux.

A ta fébrile voix, à ta tristesse amère,
A ces cris de douleur
Echappés de ton cœur,
Chacun se dit : C'est une mère.

DESHAYES. De pareils artistes sont une fortune pour toute direction. Deshayes semble jouer avec l'art dont il s'est fait une étude sérieuse, et le *Champi* l'a posé en première ligne des comédiens d'élite. Tous les genres lui sont bons : le comique, le burlesque, le sérieux, le dramatique; et, pour ma part, si je ne lui donne qu'un quatrain en échange de ce que je lui dois, ce n'est point par ingratitude, c'est par impuissance.

Tu m'as vu bien souvent frémir à tes douleurs,
Toi qui nous peins si bien ton filial martyre ;
Combien de fois aussi fis-tu couler mes pleurs
Sous ton fatal éclat de rire !

Merci, merci, trois fois merci!

FRANCISQUE JEUNE. On aime, en dépit de soi, cette drôlatique figure, qui vous amuse d'autant plus qu'il y a quelque chose de mélancolique en elle. Franscisque jeune est mon homme du rire, comme Francisque aîné était mon homme des larmes... Ma phrase cloche peut-être par la régularité; mais ma pensée est debout, je n'y toucherai pas.

Mme LACRESSONNIÈRE. Belle et noble personne, charpente ciselée pour le drame, organe plein de sonorité, tout imprégné d'amour et de poésie.

De ce temple éloigné vous êtes vraiment reine,
Reine par le talent, reine par la beauté;
Qu'est-ce donc qu'une souveraine,
Si ce n'est la pudeur jointe à la majesté?

LÉONTINE. J'ai du rouge, du blanc, du bleu, du jaune, dans mon encrier; mêlons toutes ces nuances, et faisons Léontine.

Tout cela n'est pas vrai, tout cela louche et cloche ;
C'est un bruit imitant celui d'un tournebroche;
C'est quelque chose enfin de faux et d'incomplet....
Demandez au titi si cela lui déplaît.

Léontine semble avoir toujours faim sur la scène; le paradis a toujours faim de Léontine. Bon appétit, mes goulus; bon appétit, ma goulue.

MATIS. Presse-moi la main, mon vieil ami. Il y a longtemps que tu sais ce que je pense de toi, il y a longtemps que je l'ai écrit; je ne suis pas homme à me démentir, et mes souvenirs te placent bien haut dans mon estime.

SURVILLE. On naît comédien comme on naît avec des cheveux bouclés ou des cheveux plats. Surville doit avoir reçu son baptême dans les coulisses d'un théâtre... Il joue les premirs rôles, je le crois sans peine: c'est bien là son emploi.

DELAISTRE. Secouez vos habits, voilà un brigand, un scélérat, un ogre, un anthropophage.... Ce n'est pas un homme, Delaistre, c'est un cannibale qui sent le meurtre à dix lieues à la ronde, et cependant on le cherche jusqu'à ce qu'on l'ait trouvé... Quelle génération que la nôtre!

E. BONDOIS. Encore un amoureux! on en fourre partout, et partout ils sont les biens reçus, parcequ'ils parlent la langue du cœur, qui vaut infiniment mieux que celle de la tête.

LINVILLE. L'Écriture dit que les premiers seront les derniers, et les derniers les premiers. Te souviens-tu de Chabert, ami! Je ne l'ai pas oublié, moi qui ai fait rejaillir sur toi seul les applaudissements de la salle. La reconnaissance est parfois un rude fardeau; si je ne t'en devais pas, tu aurais quelques lignes plus élogieuses.

HORTENSE JOUVE. Elle est vive, elle est accorte, elle est soubrette de la tête aux pieds, elle l'est des pieds à la tête.

LAURENTINE. On en dit beaucoup de bien; son titre est amoureuse. L'êtes-vous, mademoiselle? Allez, allez, parlez sans crainte, je ne vous verrai pas rougir. Et puis encore, il n'y a pas de mal à aimer, alors surtout qu'un doux échange a lieu. Si vous aimez quelqu'un chez vous comme sur le théâtre, bien des gens envieront son bonheur. Je vous crois le cœur placé plus haut que la tête.

JÉAUT. Voici la doublure de madame Lambquin : la belle étoffe devient un voisinage dangereux.

SENNE. Je t'ai connue bien gentille; mes voisins

m'assurent que tu n'es pas changée. Dès lors, ta main, je te prie, et un remerciement du pauvre Bélisaire, barricadé dans ses ténèbres.

AMBIGU-COMIQUE.

Charles Desnoyers est maintenant directeur de ce théâtre si difficile, Charles Desnoyers, c'est à dire l'intelligence, les bonnes manières, le bon goût, le talent, la probité. Si sous un tel pilote le vaisseau n'arrive pas en bonne rade, c'est qu'il fait eau de toutes parts... *Desnoyers!* il n'y en aura qu'un avec le nouveau directeur, c'est lui... Allons, voilà que pour un mauvais calembour j'enfonce un brave garçon dans l'abîme; Charles, n'est-ce pas que tu pardonnes au repentir? Prêt à sombrer, tends-nous la main, tu n'as autour de toi que des amis.

SAINT-ERNEST. J'allais dicter les lignes qui suivent à mon secrétaire, quand il s'est écrié : « Voyons ce que vous dites du *terrible* Saint-Ernest? — Eh! mon Dieu! pas plus terrible qu'un autre; il pleure aussi parfois, il est souvent persécuté; il reçoit également ses anathèmes, et les habitués de l'endroit le voient sous tant de faces, qu'ils se demandent comment on peut se travestir ainsi sans cesser d'être toujours vrai. »

Saint-Ernest! Saint-Ernest! je te devais un quatrain : tant pis pour toi s'il te blesse.

> J'en suis fâché, brigand, mais jamais ton éloge
> Ne viendra dégrader mon crayon tout loyal,
> Et je ne comprends pas, toi qui n'as droit qu'au pal,
> Qu'on ose te placer dans le martyrologe.

Saint-Ernest côte à côte avec S. Sylvestre, S. Polycarpe et S. Ignace! Jupiter, lance tes foudres, mais qu'elles frappent à côté; laisse-nous Saint-Ernest.

Mlle THUILLIER. Quand on m'annonça son arrivée à Paris, je m'en réjouis pour la capitale ; aujourd'hui je m'en félicite doublement pour le théâtre qui s'en est enrichi.

Toi dont l'œil est baigné de si brûlantes larmes,
Et sembles à plaisir te bercer dans ton deuil,
On dirait, à te voir répandre tes alarmes,
Que la Dorval n'est pas descendue au cercueil.

Je ne sais pas qui l'on place au dessus de cette jeune fille tout imprégnée de larmes et poétique des pieds à la tête. Quant à moi, je l'écoute par tous mes sens, et je l'applaudis des mains et du cœur; car elle me touche, elle me pénètre, elle me subjugue. Dorval à vingt ans n'avait pas ce mérite.

MEINIER. Que voulez-vous : il m'est impossible de ne pas sourire à la bonhomie de cet homme, il m'est impossible de ne pas rire aux éclats de ses excentricités joyeuses. Meinier a quelque chose en lui qui s'empare de vous, et cela sans effort, comme une coquette dont le regard vous subjugue, dont la parole vous enivre.

BOUSQUET. Un homme d'esprit disait de Regnard qu'il n'était pas médiocrement plaisant. Je répète le mot de l'homme d'esprit à propos de Bousquet, l'acteur aimé du parterre et des loges.

AMÉDÉE ARTUS. Que diable viens-tu faire ici, toi dont la famille, de père en fils, croque des notes comme les enfants des dragées ? Nous sommes de vieux amis, n'est-ce pas? Fils des Pyrénées, nous nous pressons la main avec une fraternité patriotique, et je souris à tes succès comme si j'en avais ma part.

Les quadrilles d'Artus, les valses d'Artus, les polkas d'Artus feraient sauter et danser des culs-de-jatte. C'est une verve intarissable, c'est une source toujours active de motifs dramatiques ou gracieux vous disant à merveille la couleur de la scène qui va se dérouler devant vous.

Je presse de nouveau avec bonheur la main d'Artus père et d'Artus fils, son digne auxiliaire.

SALVADOR. C'est le secrétaire général de l'administration. Il a de l'esprit comme vous et moi, quand nous en avons beaucoup; et, si j'étais indiscret, je citerais maint journal bien famé qui s'enrichit, sans l'appauvrir, des miettes tombées de sa table quotidienne : Rothschild peut être prodigue.

LAURENT. Ce n'est pas Odry, ce n'est pas Vernet : c'est l'un et l'autre. Il ne les copie pas, il ne les imite pas, il marche dans toute sa liberté, les coudées franches, et je vous défie de ne pas vous griser avec lui, s'il le veut, ou de ne pas sourire avec lui, s'il vous l'ordonne... Laurent est un profond comédien ; plus vous l'étudiez, plus vous l'appréciez ; plus vous l'écoutez, plus vous battez des mains. Laurent est l'homme de tous les étages, depuis le parterre jusqu'au paradis.

Il est multiple, je le vois,
Soit par le geste ou la figure,
Par le regard ou la tournure,
Le drôle est si narquois
Qu'il sait vous faire rire et pleurer à la fois

GASTON. — GOUGET. Ne les séparons pas : c'est Castor et Pollux, Euryale et Nysus, Pythias et Damon, Oreste et Pylade ; c'est l'amitié dans ce qu'elle a de plus intime ; c'est la fraternité dans ce qu'elle a de plus consolateur. Les applaudissements donnés à celui-ci, c'est celui-là qui s'en réjouit... Ils vivent de la même joie ; vous verrez qu'ils mourront de la même peine. On se repose avec bonheur sur de pareils tableaux.

DE PRESLE. Il pense à tout, le coquin, même à ses rôles, même au mouvement perpétuel qu'il cherche et qu'il ne trouve pas, quoiqu'il vous assure que c'est déjà fait. De Presle, de Presle, la quadrature du cercle a occupé bien des cerveaux, la navigation aérienne a dévoré bien des intelligences... Ne cherche pas le mouvement perpétuel : il n'est pas même dans les larges mains des claqueurs de ton théâtre, qui se lassent parfois à la besogne.

LYONNET. N'est-ce pas que vous avez vu souvent le magnifique elbeuf doublé de soie, celle-ci presque aussi coûteuse, aussi solide que celui-là ? C'est Lyonnet et Saint-Ernest, c'est le talent doublant le talent ; retournez l'habit, il sera toujours beau, vous serez toujours richement vêtu.

Mme MÉSANGE. Je vous dois un succès, madame ; je vous en devrais deux si je vous avais confié deux rôles. Les auteurs joués à ce théâtre vous en doivent dix ; ils vous en devront vingt dès qu'ils auront recours à vous... Affaire d'habitude.

Mme GUYON.

> **C'est la fierté dans sa noblesse antique,**
> **C'est la vertu dans sa candeur pudique,**
> **C'est la femme élégante et la femme de cœur.**
> **La voir est une joie, et l'entendre un bonheur.**

Si vous n'avez pas applaudi au talent passionné de madame Guyon, c'est que vous n'avez pas de sang rouge ; c'est que vous êtes une carafe d'orgeat.

PORTE-SAINT-MARTIN.

Presque toujours bien partir c'est bien arriver.... Le nouveau directeur de ce théâtre, qui a subi tant de vicissitudes, s'est révélé tout d'abord prosateur élégant, caustique, incisif, puis dramatique plein de feu et de poésie, le voilà maintenant arbitre souverain d'une scène dont la décadence nous semble désormais impossible.

Marc Fournier a-t-il besoin de bonnes pièces? il en trouve; quand il n'en a pas sous sa main, il en fabrique, et les bravos retentissent, et la foule accourt, et le caissier rit dans sa barbe, — En a-t-il une? — et l'avenir se dresse gros de fortune et de renommée.

Voyez l'armée dont Marc Fournier est le généralissime.

LIGIER. *Magnus Alexander corpore parvus erat.* Cela veut dire que la taille ne fait pas le héros, Napoléon vient en aide à Alexandre, Ligier vient en aide à Alexandre et à Napoléon.

Organe cuivré, prononciation nette, pure, franche, face dramatique, lèvres parfaitement accentuées, regard chaud et bitumineux... Le ciel l'a doté de tout cela; qu'a fait l'étude, qu'ont fait les méditations?

Ligier marche bien, gesticule peu, pose sagement la phrase,

ne souligne que ce qui a besoin d'être souligné, et, chose rare, il écoute à merveille, et laisse à chacun son rôle, à chacun sa place, à chacun la part de l'attention du public.

J'ai bien envie, Ligier, puisque je ne trouve pas un quatrain sous ma plume, de te décocher celui que j'ai adressé naguère à *Joao Caetano dos Santos*, artiste brésilien; un des talents les plus remarquables que j'aie vus dans mes longues pérégrinations. Le voici :

Nul mieux que lui jamais ne sut verser des pleurs,
Et ne se posa mieux héros, valet ou maître :
C'est Talma quand il jette au dehors ses fureurs;
Quand il raille ou maudit, c'est Frédérick Lemaître.

Ligier... une de nos gloires.

De Rio-Janeiro, où il trône, Caetano te tend la main ; présente-lui les tiennes, Ligier, et pressez tous deux celle du pauvre Bélisaire errant qui ne vous sépare ni dans son estime ni dans son affection.

BOUTIN. C'est lui, c'est Boutin; on croit d'abord que ce n'est rien du tout; puis on écoute, on s'étonne, on bat des mains avec enthousiasme.

Boutin pense-t-il être aussi amusant qu'il l'est? — Je ne sais, mais ce dont je suis sûr c'est qu'on remplacera difficilement ce comique sans charge, ce drôle de corps sans grimace, et qui n'est pas moins distingué par le cœur que par le talent.

BARQUI. Bonjour, Barqui, si tu n'es que régisseur, je blâme Fournier, tu vaux mieux; si tu cumules, je félicite Fournier, car je te connais, je sais ce que tu peux, et Lyon le sait comme moi; à l'œuvre, Barqui !

LIA FÉLIX. Sa réputation a commencé à ce théâtre, elle s'y consolide, elle grandit. Lia pleure avec des larmes; taillez-lui un rôle selon ses moyens, et vous lui devrez un succès.

LUCIE MABIRE. J'allais écrire mademoiselle Lucie; mais j'arrive de Taïti et de Noukaïva, et l'on m'apprend que je dois saluer de la main et du cœur madame Plouvier. Salut donc à l'actrice de talent, à la femme de mon ami, à l'enfant gâté des habitués de l'Ambigu-Comique.

Salut à la nouvelle conquête de Marc Fournier, dont les boulevards le félicitent.

MÉL NGUE.

Où repose-t-il donc sa tête poétique ?
Est-ce dans une arène ou sous un temple antique ?
N'importe : quand sa voix retentit quelque part,
On arrive, on écoute, et trop tôt on repart.

Mélingue est l'homme de l'inspiration et de l'imprévu ; on l'a taillé artiste des pieds à la tête ; nous l'aimons de la tête aux pieds.

DROUVILLE. Je savais bien qu'on ne te laisserait pas longtemps en repos, mon vieux camarade, et Rouen n'est pas si loin de la capitale qu'on n'ait entendu d'ici les applaudissements que tu recevais à trente lieues de distance. Sois le bienvenu, Drouville, et garde nos souvenirs de haute estime et de parfaite amitié.

BIGNON. C'est un artiste qui connaît ses planches, et qui à l'adresse de se faire son public. Taillez un rôle pour Bignon, et vous verrez si l'auteur n'ira pas lui presser les mains par reconnaissance.

LUGUET. Le vaudeville lui va, la comédie et le drame lui vont comme le vaudeville. Aussi le directeur ne laissera-t-il pas chômer longtemps ce comédien émérite. Luguet a du goût, du tact, de l'habileté : de pareils guides ne permettent point de s'égarer.

SAINT-LÉON. La Porte-Saint-Martin s'est recrutée de ce que les théâtres maladroits avaient laissé dans l'inaction. J'en connais quelques-uns qui voudraient bien reprendre le bien qu'ils ont perdu.

SAINT-MARC. Ne t'ai-je pas vu, camarade, à la Gaieté, terrifiant tes auditeurs, et jetant au delà de la rampe les chaudes émotions de ton âme ?... Je gagerais que oui, parce-que j'ai la mémoire du cœur, si celle du regard me fait défaut.

PEUPIN. Il n'y a pas de ma faute, je ne le connais pas. Quand on arrive de la Chine, de San-Francisco, du Chili, de Taïti, de Noukaïva, on est excusable de ne pas placer l'éloge sur tous ceux qui le méritent : il y a si loin d'ici à Canton, bien plus, je vous assure, que de Paris au pays des magots.

Mlle GRAVE. Elle est comme son nom, elle prend son art au sérieux ; elle est sympathique, et je vous défie bien de ne pas l'aimer beaucoup si vous l'aimez un peu... Quant à moi, c'est déjà fait.

COLBRUN. Celui-ci est un comique qui n'a pas l'air d'y toucher et qui atteint toujours son but. Toutes les livrées lui vont bien, tous les idiomes sont à sa taille; il amuse, il occupe, il fait réfléchir... Combien y a-t-il de la Porte-Saint-Martin à la Comédie-Française.

ALFRED BARON. Sa tenue est excellente, sa façon de dire sent la bonne école. J'écrirais bien des lignes sur lui ; mais il est de la maison, et l'on me décocherait l'épithète de flatteur, dont je ne veux pas.

PERSON. Rien ne me serait aisé comme un mauvais calembour sur cette belle comédienne, qui joue également bien le drame et la comédie. Ne parlons pas légèrement des choses sérieuses.

JOUVANTE. Secouez vos vêtements classiques, mademoiselle, et soyez vous-même, si vous voulez ajouter quelque chose à la beauté de votre taille, à celle de votre figure, à la suavité de votre regard, à la sonorité de votre organe... Ne vous appauvrissez pas d'une seule de ces richesses.

LOUIS CHÉRY. Oui, vous l'êtes, vous l'êtes du public qui vous écoute aujourd'hui comme de celui qui vous écoutait il y a quelques années. Vous portez bien votre nom ; bien des nobles n'ont pas ce privilége.

DELILLE. Voilà un physique parfaitement taillé pour l'emploi, voilà une mère qui sait ses planches par cœur et que le public ne voit jamais assez près de la rampe.

BLIGNY. Flanquez-lui des jurons sur les lèvres, de la colère au poing, des éclairs aux prunelles, tout cela lui va, et il serait vrai d'écrire qu'elle est distinguée dans le genre grivois... Madame Bligny jouerait au besoin les Pernelle.

ISABELLE CONSTANT. Je déteste nos voisins, qui s'exclament sur la beauté de cette jeune personne. Que diable! pourquoi parler de la fleur qui se colore, de la feuille qui pousse, du brillant des étoiles, de la splendeur du soleil à qui vit dans les ténèbres?

Isabelle, parle, parle encore pour me consoler.

FOLIES-DRAMATIQUES.

C'est tout au plus si je me souviens qu'il y a ici un foyer. Seulement, ce que je sais c'est que de ce petit théâtre se sont élancés de grands acteurs, que le maître de la maison y a trouvé une Californie aux premiers jours de sa conquête, et qu'on y joue de charmants ouvrages entremêlés de mauvais vaudevilles, dont l'auteur de ce livre est responsable envers le bon goût et le public.

Bonsoir à Mouriez.

DÉLASSEMENTS.

Entrez; mais emparez-vous vite de la rampe qui vous guidera au milieu des ténèbres. Montez, montez encore; un frais gazouillement s'échappe d'une petite salle flanquée de banquettes usées : c'est là.

Voyons la petite troupe de la petite salle où s'agitent de petits talents, où se heurtent de petites ambitions.

M. ET Mme EMILE TAIGNY.

Applaudir le mari c'est applaudir la femme,
Un rayon pour tous deux, une âme dans une âme ;
Et, quand l'un montera vers le divin parvis,
On lira sur sa tombe : *Ici sont deux amis..*

Cela est touchant, cela est consolateur, je vous assure, que cette douce et sainte affection du couple artiste qui s'est fait une grande réputation parmi nous, et qui, à lui seul, est une fortune pour ce théâtre, comme il l'a été pour bien d'autres.

ALPHONSINE. Peste!! fichtre! bigre!!! sacrebleu!!!! C'est Alphonsine qui entre en scène, se pose fièrement devant la rampe, provoque le parterre et les loges, et, sans sourciller, ferait face à un régiment de Royal-Cravate. Est-ce du talent ? Oui. La fusée éclaire. J'aime Alphonsine, je l'aime là, surtout, et cependant elle ne serait pas déplacée sur une plus vaste scène, si au lieu de l'éperon on lui donnait un frein... Bah! bah ! laissons-la chevaucher aux applaudissements de la foule, elle est de race.

Mme MATHILDE. C'est un joli nom, c'est une charmante personne, c'est un gracieux talent.... Bravo ! bravi! brava !

MARKAIS. Il amuse, il fait rire ; il n'a pas d'autres prétentions : modestie va bien au mérite.

E. VILTARD. C'est le premier comique du lieu, il n'a pas volé son titre ; l'urne a tort d'avoir faire sortir son nom après celui de Markais. Viltard, n'oubliez pas que les grands théâtres se recrutent des petits.

RENAUD. Chapeau bas voici le père noble des Délassements, qui joue avec le cœur, et connaît parfaitement ses planches.

MIKEL. Laissez-le marcher dans la vie, et vous verrez qu'il se fera une excellente réputation. Mikel a commencé ici, il se consolide à chacune de ses créations; il fait sa base large, et il est aimé de ses camarades autant que du public, qui le traite en enfant gâté.

BEAUMARCHAIS.

M. et Mme Garpari sont chez eux; ils font les honneurs de la maison en personnes bien élevées qui veulent qu'on aille les voir et les revoir. Tous deux ont du talent, et nous regardons comme une bonne fortune pour eux l'engagement de mademoiselle Géraldine qui, nous dit-on, vient d'être signé.

C'est que mademoiselle Géraldine est une accorte jeun femme aux allures assouplies, disant bien, se tenant bien et familière avec la rampe comme si elle était née dans les coulisses. Garde à vous, M. Gaspari, on vous enlèvera Géraldine.

ITALIENS

Un théâtre italien livré à un Anglais, ce qu'il y a de plus mélodieux abandonné à ce qu'il y a de plus *miaulique*, cela ne se voit que de nos jours.

Persiani, Grisi, Sontag, Rubini, Alboni, Mario, Ronconi, Montemerli et cent autres d'harmonieuse mémoire, que dites-vous, que pensez-vous ?

Ne me répondez pas, vous auriez trop de tristesses à me révéler.

M. Lumlay est directeur du théâtre Italien ; Muses, prenez le deuil ! !

Au moment de mettre sous presse nous apprenons que c'est le célèbre *impressario* Corti qui est directeur de cette magnifique scène..... Muses, bondissez de joie !

www.ingramcontent.com/pod-product-compliance
Ingram Content Group UK Ltd.
Pitfield, Milton Keynes, MK11 3LW, UK
UKHW020954180726
13838UKWH00003B/1323